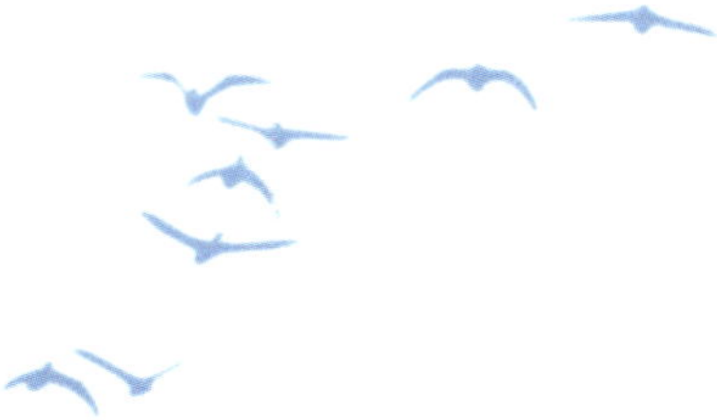

吉林省矿产资源潜力评价系列成果，是所有在白山松水间辛勤耕耘的几代地质工作者集体智慧的结晶。

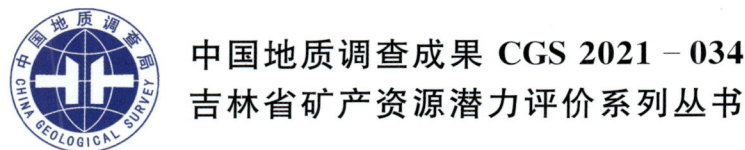

中国地质调查成果 CGS 2021-034
吉林省矿产资源潜力评价系列丛书

吉林省矿产资源潜力评价自然重砂资料应用研究

JILIN SHENG KUANGCHAN ZIYUAN QIANLI PINGJIA
ZIRAN ZHONGSHA ZILIAO YINGYONG YANJIU

李任时　杨复顶　李楠　徐曼　等编著

图书在版编目(CIP)数据

吉林省矿产资源潜力评价自然重砂资料应用研究/李任时等编著.—武汉:中国地质大学出版社,2021.6

(吉林省矿产资源潜力评价系列丛书)

ISBN 978-7-5625-4986-4

Ⅰ.①吉…

Ⅱ.①李…

Ⅲ.①重矿物-矿产资源-资源潜力-资源评价-研究-吉林

Ⅳ.①F426.1

中国版本图书馆 CIP 数据核字(2021)第 127203 号

吉林省矿产资源潜力评价自然重砂资料应用研究	李任时	杨复顶	李 楠	徐 曼 等编著

责任编辑:舒立霞	选题策划:毕克成 段 勇 张 旭	责任校对:徐蕾蕾

出版发行:中国地质大学出版社(武汉市洪山区鲁磨路388号)	邮编:430074
电　　话:(027)67883511　　　传　　真:(027)67883580	E-mail:cbb@cug.edu.cn
经　　销:全国新华书店	http://cugp.cug.edu.cn

开本:880 毫米×1230 毫米　1/16	字数:222 千字	印张:7
版次:2021 年 6 月第 1 版	印次:2021 年 6 月第 1 次印刷	
印刷:武汉中远印务有限公司		

ISBN 978-7-5625-4986-4	定价:168.00 元

如有印装质量问题请与印刷厂联系调换

吉林省矿产资源潜力评价系列丛书编委会

主　　任：林绍宇
副主任：李国栋
主　　编：松权衡
委　　员：赵　志　赵　明　松权衡　邵建波　王永胜
　　　　　于　城　周晓东　吴克平　刘颖鑫　闫喜海

《吉林省矿产资源潜力评价自然重砂资料应用研究》

主　　编：李任时
委　　员：杨复顶　李　楠　徐　曼　李春霞　任　光
　　　　　张红红　马　晶　宋小磊

前　言

自然重砂是矿床或含矿岩石中某些矿物在风化、搬运、沉积和富集的地质作用过程中，由于物理以及化学性质的差异而保留下来的特殊矿物组合。这些矿物组合蕴含着丰富而重要的原生成矿信息，通过对残坡积层或水系沉积物中的自然重砂矿物进行鉴定可以达到发现矿床的目的。因此，自然重砂测量是一种最直接的重要找矿方法，应用自然重砂资料进行矿产资源预测是地学综合研究的重要手段之一，它为矿产资源评价提供了重要依据。

吉林省自然重砂资料成果研究主要是在1∶20万自然重砂数据的基础上完成的。该数据源于1∶20万自然重砂数据库，涉及吉林省完成的1∶20万图幅（共计21幅）的重砂采样工作，重砂采样点数总计40 127个，鉴定的重砂矿物共405种。根据本省预测矿种选择其中22种矿物共33 919件重砂样品的自然重砂测量数据，按照《自然重砂资料应用技术要求》，对这些重砂测量数据进行了必要的处理以及分布检验，编制了一系列的专题图件，包括单矿物含量分级图、组合矿物八卦图、单矿物异常图、组合矿物异常图和综合异常图，挖掘出了大量宝贵的矿物学找矿信息，并结合成矿地质背景、成矿地质条件以及矿产分布特征对重砂异常进行了评价。对重要成矿区带、预测工作区进行了重砂异常综合评价，总结重砂矿物的直接找矿标志，突出重砂矿物对找矿预测的强力支撑作用，圈定重砂找矿靶区，并利用典型矿床的重砂资料建立重砂找矿预测模型。

吉林省自然重砂专题研究历时5年多，在中国地质大学（北京）董国臣老师的悉心指导以及在全体工作人员的共同努力下，圆满完成了实际工作，取得了一批重要成果。由于缺少大比例尺的重砂资料，因此在典型矿床研究上存在较大的局限性，希望以后能够得到一定的补充。在后期编著以及修改中，项目主要成员杨复顶、李楠、徐曼、李春霞、任光、张红红、马晶、宋小磊等付出了很大心血，在此表达诚挚的谢意！

笔者作为本专著的主要编著者之一，能为吉林省的矿产勘查事业发展做出微薄贡献，为此深感欣慰。由于时间有限，加之资料的不完整性，书中难免存在诸多不足之处，望广大读者批评指正！

李任时
2020年3月

目 录

第一章 概 述 …………………………………………………………………………（1）
　第一节 工作过程及完成的主要工作量 ………………………………………（1）
　第二节 取得的主要成果 ………………………………………………………（2）

第二章 区域地质地貌概况 …………………………………………………………（8）
　第一节 区域地貌特征概况 ……………………………………………………（8）
　第二节 区域水系分布特征 ……………………………………………………（8）
　第三节 区域地质矿产概况 ……………………………………………………（9）

第三章 数据基础与工作方法 ………………………………………………………（15）
　第一节 自然重砂工作程度 ……………………………………………………（15）
　第二节 技术标准和工作方法 …………………………………………………（19）
　第三节 空间数据库建设 ………………………………………………………（24）

第四章 自然重砂矿物特征与异常解释评价 ………………………………………（25）
　第一节 区域自然重砂矿物特征及其分布规律 ………………………………（25）
　第二节 成矿类型的重砂矿物特征 ……………………………………………（28）
　第三节 自然重砂异常特征 ……………………………………………………（32）
　第四节 异常区带划分及其特征 ………………………………………………（47）
　第五节 预测工作区自然重砂矿物组合异常特征 ……………………………（58）

第五章 自然重砂找矿模型综合研究 ………………………………………………（90）
　第一节 找矿靶区划分 …………………………………………………………（90）
　第二节 自然重砂综合异常找矿预测模型 ……………………………………（93）
　第三节 综合评价成果应用 ……………………………………………………（100）

第六章 结论与建议 …………………………………………………………………（102）

主要参考文献 …………………………………………………………………………（104）

第一章 概　述

吉林省自然重砂研究工作是吉林省矿产资源潜力评价项目的一个重要组成部分。从2007年开始至2013年共经历了5年多的时间。根据吉林省矿产分布特征以及潜力评价成矿规律组的设计要求,吉林省自然重砂专题主要针对金、银、铜、铅、锌、镍、钨、锑、钼、稀土、硼、铬、萤石、硫14个矿种的自然重砂资料进行了前期的数据处理和后期的综合研究。主要包括吉林省1∶50万比例尺的自然重砂相关图件和预测工作区1∶5万比例尺的相关重砂图件的编制、编图说明书的编写,以及相关图件数据库的建设。在省级图件的基础上进一步完成了吉林省区域自然重砂矿物异常区带分布图、异常区带自然重砂综合异常图和具有明显找矿效果的重砂异常图,并对自然重砂找矿模型的建立进行了探讨。

第一节　工作过程及完成的主要工作量

吉林省矿产资源潜力评价自然重砂资料研究从工作伊始就全面搜集本省重砂相关资料,编写年度工作设计。其间组织参加各种培训,加强理论研究,认真听取专家工作建议,及时解决工作当中遇到的各种问题。

依据《自然重砂资料应用技术要求》,开展金、银、铜、铅、锌、镍、钨、锑、钼、稀土、硼、铬、萤石、硫等14个矿种相关图件的编制,数据库的建设以及成果报告的编写。同时根据专家的评审意见,对各项研究成果进行修改并最终获得通过。

完成的主要工作量见表1-1-1。

表1-1-1　吉林省自然重砂完成的主要工作量一览表

目录	比例尺	完成数	备注
吉林省自然重砂工作程度图	1∶50万	1张	
吉林省自然重砂有无图	1∶50万	3张	银、辉锑矿、萤石
吉林省自然重砂异常图	1∶50万	19张	建库
吉林省自然重砂组合异常图	1∶50万	7张	建库
吉林省自然重砂综合异常图	1∶50万	1张	建库
吉林省自然重砂找矿远景区图	1∶50万	1张	
吉林省预测工作区重砂有无图	1∶5万	25张	
吉林省预测工作区重砂异常图	1∶5万	82张	建库
吉林省预测工作区重砂组合异常图	1∶5万	42张	建库
吉林省自然重砂资料应用成果报告		1份	

第二节　取得的主要成果

经过 5 年多的努力工作,重砂专题组针对金、银、铜、铅、锌、镍、钨、锑、钼、稀土、硼、铬、萤石、硫等 14 个矿种的自然重砂资料进行搜集整理和认真研究,就东部山区和主要预测工作区自然重砂的区域分布特征进行了整体描述,并结合成矿地质背景、成矿地质条件以及主要成矿区(带),对矿致重砂异常特征进行了解译和评价,这对矿致重砂异常有直接指示作用。重砂组合异常、综合异常的评价成果,为找矿预测提供了重要依据。具体成果见表 1-2-1、表 1-2-2。

表 1-2-1　省级重砂主要成果一览表

	预测工作区重砂图件	Ⅰ级异常	Ⅱ级异常	Ⅲ级异常	合计
省级自然重砂图件汇总（28 张）	吉林省金自然重砂异常图	12	31	10	53
	吉林省辰砂自然重砂异常图	10	29	8	47
	吉林省毒砂自然重砂异常图	3	4	5	12
	吉林省黄铜矿自然重砂异常图	5	1	5	11
	吉林省方铅矿自然重砂异常图	5	14	8	27
	吉林省白钨矿自然重砂异常图	14	21	44	79
	吉林省磁铁矿自然重砂异常图	10	25	8	43
	吉林省独居石自然重砂异常图	16	12	16	44
	吉林省橄榄石自然重砂异常图		3	7	10
	吉林省铬铁矿自然重砂异常图	1	1	7	9
	吉林省辉钼矿自然重砂异常图	1	8	4	13
	吉林省辉石自然重砂异常图		4	25	29
	吉林省黄铁矿自然重砂异常图	31	26	22	79
	吉林省磷灰石自然重砂异常图	39	28	18	85
	吉林省磷钇矿自然重砂异常图	7	1	27	35
	吉林省泡铋矿自然重砂异常图	10	5	10	25
	吉林省钍石自然重砂异常图	1	8	7	16
	吉林省锡石自然重砂异常图	3	16	4	23
	吉林省重晶石自然重砂异常图	32	12	4	48
	吉林省金-白钨矿-辰砂-铅族矿物重砂组合异常图	15	27	27	69
	吉林省金-重晶石-辰砂-黄铁矿重砂组合异常图	11	14	16	41
	吉林省铜族矿物-金-铅族矿物-重晶石重砂组合异常图	11	7	8	26
	吉林省铅族矿物-金-黄铁矿-铜族矿物重砂组合异常图	14	6	14	34
	吉林省白钨矿-锡石-金重砂组合异常图	7	19	23	49
	吉林省独居石-钍石-磷钇矿重砂组合异常图	2	13	17	32
	吉林省磁铁矿-黄铁矿-磷灰石-铬铁矿重砂组合异常图	15	16	8	39
	吉林省自然重砂综合异常图	20	22	36	78
	吉林省自然重砂找矿远景区图	12	13	8	33

表 1-2-2 预测工作区重砂主要成果一览表

	预测工作区重砂图件	Ⅰ级异常	Ⅱ级异常	Ⅲ级异常	合计
金矿预测工作区重砂图件汇总（47张）	安口镇预测工作区金重砂异常图			3	3
	冰湖沟预测工作区金重砂异常图			3	3
	刺猬沟—九三沟预测工作区金重砂异常图	1	2	1	4
	地局子—倒木河子预测工作区金重砂异常图	1		2	3
	杜荒岭预测工作区金重砂异常图		1	2	3
	古马岭预测工作区金重砂异常图	1	1	1	3
	浑江北预测工作区金重砂异常图			1	1
	珲春河预测工作区金重砂异常图	1			1
	海沟预测工作区金重砂异常图		1	2	3
	黄松甸子预测工作区金重砂异常图	2		1	3
	金谷山—后底洞预测工作区金重砂异常图		1	1	2
	夹皮沟—溜河预测工作区金重砂异常图	1	4	5	10
	金城洞—木兰屯预测工作区金重砂异常图	1	4	3	8
	六道沟—八道沟预测工作区金重砂异常图	1			1
	兰家预测工作区金重砂异常图		2		2
	荒沟山—南岔预测工作区金重砂异常图	2	2	2	6
	闹枝—棉田预测工作区金重砂异常图	3	1	1	5
	农坪—前山预测工作区金重砂异常图	1		3	4
	漂河川预测工作区金重砂异常图			5	5
	四方山—板石预测工作区金重砂异常图			3	3
	十六道沟—长白预测工作区金重砂异常图			3	3
	石嘴子—官马预测工作区金重砂异常图		2		2
	山门预测工作区金重砂异常图	1		4	5
	石棚沟—石道河子预测工作区金重砂异常图		2	4	6
	头道沟—吉昌预测工作区金重砂异常图			2	2
	万宝预测工作区金重砂异常图		2	2	4
	五凤预测工作区金重砂异常图	2		2	4
	香炉碗子—山城镇预测工作区金重砂异常图	2		1	3
	小西南岔—杨金沟预测工作区金重砂异常图	1		3	4
	正岔—复兴预测工作区金重砂异常图	2		2	4
	刺猬沟—九三沟预测工作区金-辰砂-毒砂-泡铋矿重砂组合异常图	2		1	3
	地局子—倒木河预测工作区金-白钨矿-毒砂重砂组合异常图	1			1
	杜荒岭预测工作区金-白钨矿-磷灰石重砂组合异常图	1			1
	珲春河预测工作区金-白钨矿-黄铁矿重砂组合异常图	1			1

续表 1-2-2

	预测工作区重砂图件	Ⅰ级异常	Ⅱ级异常	Ⅲ级异常	合计
金矿预测工作区重砂图件汇总（47张）	海沟预测工作区金-白钨矿-独居石-黄铁矿重砂组合异常图			1	1
	金谷山—后底洞预测工作区金-辰砂-独居石-黄铁矿重砂组合异常图		1	3	4
	夹皮沟—溜河预测工作区金-白钨矿-独居石-黄铁矿重砂组合异常图	2	3		5
	金城洞—木兰屯预测工作区金-辰砂-黄铁矿重砂组合异常图	1		1	2
	闹枝—棉田预测工作区金-铜族矿物-铅族矿物-白钨矿-辰砂重砂组合异常图	2	1		3
	农坪—前山预测工作区金-白钨矿-黄铁矿重砂组合异常图		1		1
	石嘴子—官马预测工作区金-铜族矿物-辰砂-毒砂重砂组合异常图		2		2
	山门预测工作区金-铅族矿物-白钨矿-辰砂重砂组合异常图	1		2	3
	石棚沟—石道河子预测工作区金-白钨矿-黄铁矿重砂组合异常图			2	2
	万宝预测工作区金-白钨矿-辰砂-黄铁矿重砂组合异常图			1	1
	五凤预测工作区金-白钨矿-辰砂-泡铋矿重砂组合异常图	1		3	4
	小西南岔—杨金沟预测工作区金-白钨矿-黄铁矿重砂组合异常图	1		1	2
	正岔—复兴预测工作区金-铅族矿物-重晶石重砂组合异常图	1		1	2
铜矿预测工作区重砂图件汇总（12张）	安口镇预测工作区铜族矿物重砂异常图		1		1
	刺猬沟—九三沟预测工作区铜族矿物重砂异常图		2		2
	大梨树沟—红太平预测工作区铜族矿物重砂异常图			1	1
	大营—万良预测工作区铜族矿物重砂异常图		2	2	4
	二密—老岭沟预测工作区铜族矿物重砂异常图		1	1	2
	赤柏松—金斗预测工作区铜族矿物重砂异常图	1		1	2
	夹皮沟—溜河预测工作区铜族矿物重砂异常图			2	2
	荒沟山—南岔预测工作区铜族矿物重砂异常图			3	3
	闹枝—棉田预测工作区铜族矿物重砂异常图			3	3
	石嘴子—官马预测工作区铜族矿物重砂异常图	1		2	3
	二密—老岭沟预测工作区铜族矿物-毒砂-重晶石重砂组合异常图		1		1
	赤柏松—金斗预测工作区铜族矿物-金-辰砂-黄铁矿重砂组合异常图	1			1
	铅锌矿预测工作区重砂图件汇总（10张）	Ⅰ级异常	Ⅱ级异常	Ⅲ级异常	合计
	大营—万良预测工作区铅族矿物重砂异常图		2	3	5
	放牛沟预测工作区铅族矿物重砂异常图			1	1
	矿洞子—青石镇预测工作区铅族矿物重砂异常图		1	2	3
	荒沟山—南岔预测工作区铅族矿物重砂异常图			3	3
	天宝山预测工作区铅族矿物重砂异常图	1		3	4
	正岔—复兴预测工作区铅族矿物重砂异常图		2	1	3
	大营—万良预测工作区铅族矿物-金-白钨矿-辰砂-重晶石重砂组合异常图			1	1
	矿洞子—青石镇预测工作区铅族矿物-金-辉钼矿-重晶石重砂组合异常图			1	1

续表 1-2-2

	预测工作区重砂图件	Ⅰ级异常	Ⅱ级异常	Ⅲ级异常	合计
铅锌矿预测工作区重砂图件汇总（10张）	天宝山预测工作区铅族矿物-铜族矿物-白钨矿-辰砂重砂组合异常图	1			1
	正岔—复兴预测工作区铅族矿物-金-重晶石重砂组合异常图			1	1
	钨矿预测工作区重砂图件汇总（1张）	Ⅰ级异常	Ⅱ级异常	Ⅲ级异常	合计
	小西南岔—杨金沟预测工作区白钨矿重砂异常图	1	2	1	4
	稀土矿预测工作区重砂图件汇总（3张）	Ⅰ级异常	Ⅱ级异常	Ⅲ级异常	合计
	西北岔预测工作区独居石重砂异常图	1		4	5
	西北岔预测工作区磷钇矿重砂异常图	1		2	3
	西北岔预测工作区独居石-磷钇矿-金重砂组合异常图	1		1	2
	磷矿预测工作区重砂图件汇总（1张）	Ⅰ级异常	Ⅱ级异常	Ⅲ级异常	合计
	吉林省鸭园—六道江预测工作区磷灰石自然重砂异常图			4	4
镍矿预测工作区重砂图件汇总（13张）	赤柏松—金斗预测工作区铜族矿物重砂异常图	1		4	5
	川连沟—二道岭子预测工作区铜族矿物重砂异常图	1			1
	大肚川—露水河预测工作区铜族矿物重砂异常图			3	3
	大山咀子预测工作区橄榄石重砂异常图			2	2
	荒沟山—南岔预测工作区铜族矿物重砂异常图			4	4
	红旗岭预测工作区铜族矿物重砂异常图			1	1
	六颗松—长仁预测工作区铜族矿物重砂异常图			1	1
	漂河川预测工作区铜族矿物重砂异常图			2	2
	赤柏松—金斗预测工作区铜族矿物-磁铁矿-辉石重砂组合异常图	1		2	3
	大肚川—露水河预测工作区铜族矿物-橄榄石-磁铁矿-辉石重砂组合异常图			5	5
	大山咀子预测工作区橄榄石-磁铁矿-辉石重砂组合异常图			2	2
	红旗岭预测工作区橄榄石-辉石-磁铁矿重砂组合异常图			2	2
	六颗松—长仁预测工作区橄榄石-辉石-磁铁矿重砂组合异常图			2	2
钼矿预测工作区重砂图件汇总（9张）	大石河—尔站预测工作区白钨矿重砂异常图			6	6
	季德屯—福安堡预测工作区白钨矿重砂异常图			3	3
	六道沟—八道沟预测工作区白钨矿重砂异常图	1		3	4
	刘生店—天宝山预测工作区辉钼矿重砂异常图			3	3
	前撮落—火龙岭预测工作区辉钼矿重砂异常图			2	2
	吉林省天合兴预测工作区白钨矿自然重砂异常图			4	4
	吉林省大石河—尔站预测工作区白钨矿-锡石自然重砂组合异常图			4	4
	吉林省季德屯—福安堡预测工作区白钨矿-锡石自然重砂组合异常图			1	1
	吉林省前撮落—火龙岭预测工作区辉钼矿-白钨矿-铅族矿物-铜族矿物-锡石自然重砂组合异常图			1	1

续表 1-2-2

	预测工作区重砂图件	Ⅰ级异常	Ⅱ级异常	Ⅲ级异常	合计
银矿预测工作区重砂图件汇总（17张）	百里坪预测工作区金重砂异常图		3	4	7
	八台岭—孤店子预测工作区金重砂异常图		1	2	3
	梨树沟—红太平预测工作区金重砂异常图			7	7
	民主屯预测工作区金重砂异常图		1	2	3
	热闹—青石预测工作区银重砂异常图			2	2
	上甸子—七道岔预测工作区金重砂异常图			3	3
	山门预测工作区金重砂异常图	1	1	2	4
	天宝山预测工作区金重砂异常图			3	3
	西林河预测工作区金重砂异常图	1		4	5
	百里坪预测工作区金-白钨矿-黄铁矿重砂组合异常图			3	3
	八台岭—孤店子预测工作区金-白钨矿-黄铁矿重砂组合异常图			1	1
	梨树沟—红太平预测工作区金-白钨矿-黄铁矿重砂组合异常图			2	2
	山门预测工作区金-白钨矿-黄铁矿重砂组合异常图	1		2	3
	民主屯预测工作区金-白钨矿-黄铁矿重砂组合异常图			1	1
	热闹—青石预测工作区银-白钨矿-毒砂-黄铁矿-金重砂组合异常图			1	1
	天宝山预测工作区金-白钨矿-毒砂-黄铁矿重砂组合异常图			1	1
	西林河预测工作区金-白钨矿-黄铁矿自然重砂组合异常图	1		2	3
	硼矿预测工作区重砂图件汇总（1张）	Ⅰ级异常	Ⅱ级异常	Ⅲ级异常	合计
	高台沟预测工作区橄榄石重砂异常图		1	1	2
硫铁矿预测工作区重砂图件汇总（5张）	倒木河—头道沟预测工作区黄铁矿重砂异常图			5	5
	放牛沟预测工作区黄铁矿重砂异常图			2	2
	热闹—青石预测工作区黄铁矿重砂异常图		1	5	6
	上甸子—七道岔预测工作区黄铁矿重砂异常图			1	1
	西台子预测工作区黄铁矿重砂异常图		1	2	3
铬铁矿预测工作区单矿物异常分布图（5张）	开山屯预测工作区铬铁矿重砂异常图	2	1	1	4
	头道沟预测工作区铬尖晶石重砂异常图		1	4	5
	小绥河预测工作区铬尖晶石重砂异常图			1	1
	开山屯预测工作区铬铁矿-铬尖晶石-橄榄石-辉石重砂组合异常图			1	1
	头道沟预测工作区铬尖晶石-橄榄石重砂组合异常图			1	1

根据吉林省要预测的主要矿种、预测类型和自然重砂异常的分布特征,结合吉林省成矿地质背景、成矿地质条件以及吉林省Ⅳ级成矿区(带)分布,分 12 个异常区带阐述全省 1∶50 万自然重砂异常分布特征。其中:

(1)山门—乐山和兰家—上河湾 2 个重砂异常区带主要重砂矿物有自然金、白钨矿、辰砂、铅族矿物,圈定的重砂综合异常分别表征了山门金银矿、放牛沟多金属矿、兰家金矿、大顶子多金属矿等成矿岩浆系统的重砂异常模式,显示重砂异常优良的矿致性质,找矿指示作用明显。

(2)那丹伯——座营、山河—榆木桥子、福安堡—塔东 3 个重砂异常区带主要的重砂矿物有自然金、铜族矿物、白钨矿、锡石、辰砂、独居石等,涉及的矿种有金(银)矿、钼矿、铜矿、铅锌矿。重砂异常和矿床的空间分布存在积极的响应关系,具备矿致特征,在矿床控制的汇水盆地中具有直接找矿指示效应。如在大黑山钼矿和锅盔顶子铜矿的下游水系圈出 1 处由自然金、白钨矿、独居石构成的综合异常,结合地质背景、地质条件认为该综合异常对上游的钼矿、铜矿有指示意义。

(3)红旗岭—漂河川重砂异常区带主要分布的矿产是铜镍矿,反映基性—超基性成矿地质背景的橄榄石、辉石重砂异常较发育,具有重要的找矿指示效应。

(4)夹皮沟重砂异常区带主要分布的矿产是金矿、铜镍矿,重砂矿物有自然金、白钨矿、黄铁矿、辰砂、铜族矿物、辉铋矿、独居石等。在夹皮沟区域由自然金、白钨矿、黄铁矿、独居石构成的重砂综合异常与夹皮沟金矿田套合较好,为夹皮沟式金矿的寻找提供了重要的重砂依据。

(5)五凤—百草沟、天宝山—开山屯以及新华村—小西南岔 3 个重砂异常区带以分布金矿、铜金矿、铜铅锌多金属矿为主,主要重砂矿物自然金、白钨矿、辰砂、铜族矿物、铅族矿物等重砂异常十分发育。重砂综合异常对分布的矿产有着积极支撑作用。重砂异常场反映矿致系统,显示较强的重砂指示作用。

(6)二密—赤柏松、四方山—板石 2 个重砂异常区带以金矿、铜矿、镍矿、铅锌矿、铁矿为主要矿产,主要重砂矿物自然金、白钨矿、辰砂、铅族矿物、重晶石、磁铁矿等重砂异常多处。重砂异常场有相应矿产积极响应,显示重砂异常具有极好的矿致性质并蕴含了强烈的找矿信息。

本次全省自然重砂异常图件数据库,在满足成矿预测和项目技术要求的同时,按照自然重砂数据模型规定的标准进行了图件分层,统一成图比例尺、成图坐标系统,依据属性表要求进行了异常线文件和区文件挂接,共建立了 151 个重砂图件数据库,并在综合研究的基础上,编写完成《吉林省自然重砂资料应用成果报告》。

第二章 区域地质地貌概况

第一节 区域地貌特征概况

吉林省位于中国东北地区的中部，地处日本海的西侧，南北分别与辽宁省和黑龙江省毗邻，东南与朝鲜隔江相望，东端与俄罗斯的南部滨海接壤。经纬度为东经121°38′—131°19′，北纬40°52′—46°18′。呈北西-南东向延伸，东南部呈较宽的狭长形。总面积187 400km²，东南部山区面积约123 600km²。其地势整体东南高而西北低，起伏变化较大，有中山、低山、丘陵、台地、平原等多种地貌类型。山地面积占全省总面积的36%，平原占30%，台地占28.2%，丘陵占5.8%。全省地貌主要受亚洲东部新华夏系构造第二隆起带和第二沉降带控制，以中部大黑山为界，分为东部长白山区和西部松辽平原区两大地貌单元。东部长白山区森林茂密，植被发育，分布有长白山、张广才岭及其以东的广大区域，海拔多在1000m以上。而低山、丘陵区分布有龙岗和大黑山山脉，多为丘陵盆地占据，海拔多在500m以下。长春山前洪积台地是山区与平原的过渡地带，大黑山以西是松辽平原区。气候以温湿润-半干旱季风气候为主。春季干燥多风，夏季温暖多雨，秋季晴冷、温差大，冬季漫长干寒，四季之分明显。全省大部分地区年平均气温为3～5℃，最冷的1月份平均气温在－18℃左右，最热的7月份平均气温在20℃左右。吉林省是气候多变的省份。

第二节 区域水系分布特征

吉林省内有名称的河流有2000多条，分属五大水系，即：松花江水系、图们江水系、鸭绿江水系、辽河水系及绥芬河水系，河网密度为0.19km/km²。以东南部山区河流众多，而且水量丰富，常年有水。全省内松花江水系流域面积最大，约占全省面积的70%，并与鸭绿江水系、图们江水系一起发源于长白山，呈辐射状分布；辽河水系和绥芬河水系总体流向为北西向。河流水源主要靠雨水补给，6、7、8月份为河水水量最大时期，11月份下旬普遍封冻，冰期长达5个月左右。湖泊主要分布在松辽平原西部，在嫩江与辽河间的广大闭流区，有1300多个。

五大水系纵横交错成网，水量充沛，流经东南部山区。以山脊为界，吉林省中东部地区汇水盆地共计8636个，以一级、二级水系为主，这为自然重砂测量提供了十分有利的场所。

第三节 区域地质矿产概况

一、区域地质及成矿特征

吉林省大地构造位置处于华北古陆块(龙岗地块)和西伯利亚古陆块(佳木斯-兴凯地块)及其陆缘增生构造带内。由于多次裂解、碰撞、拼贴、增生构造作用,以及岩浆活动、火山作用、沉积作用、变形变质作用异常强烈,形成了若干稳定地球化学块体和地球物理异常区,相对应地出现若干大型-巨型成矿(区)带,它们共同控制着吉林省重要的贵金属、有色金属、黑色金属、能源、非金属和水气等不同矿产的成矿、规模和分布。

地质构造背景演化过程较为复杂,主要经历了太古宙陆核形成阶段、古元古代陆内裂谷(拗陷)演化阶段、新元古代—古生代古亚洲构造域多幕陆缘造山阶段,以及中新生代滨太平洋构造域演化阶段的地质演化过程。

1. 太古宙陆核形成阶段

吉南地区位于华北板块东北部的龙岗地块中,地质演化始于太古宙。近年来研究发现龙岗地块是由多个陆块在新太古代末拼贴而成,包括夹皮沟地块、白山地块、清原(柳河)地块、板石沟地块、和龙地块等。这些地块普遍形成于新太古代并于新太古代末期拼合在一起。

其表壳岩都为一套基性火山-硅铁质建造,以含铁、金为特征;变质深成侵入体以石英闪长质片麻岩-英云闪长质片麻岩-奥长花岗质片麻岩、变质二长花岗岩为主。成矿以铁、金、铜为主,代表性矿床有夹皮沟金矿、老牛沟铁矿、板石沟铁矿、和龙鸡南铁矿、官地铁矿、金城洞金矿等。

2. 古元古代陆内裂谷(拗陷)演化阶段

新太古代末期的构造拼合作用使得吉南地区形成统一的龙岗复合陆块,在古元古代早期以赤柏松岩体群侵位为标志,开始裂解形成裂谷,并伴有铜、镍矿化,形成赤柏松铜镍矿床。裂谷主体即为所谓的"辽吉裂谷带",裂谷早期沉积物为一套蒸发岩-基性火山岩建造,以含铁、硼为特征,代表性矿床有集安高台沟硼矿床、清河铁矿点;裂谷中期沉积物为一套硬砂岩、钙质硬砂岩夹基性火山岩、碳酸盐岩建造,以含铅锌为特点,代表性矿床为正岔铅锌矿;裂谷晚期为一套高铝复理石建造,以含金为特点,代表性矿床为活龙盖金矿。古元古代中期裂谷闭合,伴有辽吉花岗岩侵入,完成了区域地壳的二次克拉通化。古元古代晚期已形成的克拉通地壳发生拗陷,形成拗陷盆地,其早期沉积物为一套石英砂岩建造;中期为一套富镁碳酸盐岩建造,以含镁、金、铅锌为特点,代表性矿床有荒沟山铅锌矿、南岔金矿、遥林滑石矿、花山镁矿等;晚期为一套页岩-石英砂岩建造,富含金、铁,代表性矿床有大横路铜钴矿、大栗子铁矿床。古元古代末期盆地闭合,见有巨斑状花岗岩侵入。

古元古代早期在延边松江地区沉积了一套变粒岩、浅粒岩、石英岩、大理岩组合,以往工作一般将之与吉南地区集安岩群、老岭岩群对比,因多数地质体被新生代火山岩覆盖,出露极不连续,研究程度极低。

3. 新元古代—古生代古亚洲构造域多幕陆缘造山阶段

新元古代—古生代吉南地区构造环境为稳定的克拉通盆地环境,其沉积物为典型的盖层沉积。其中新元古代地层下部为一套河流相红色复陆屑碎屑建造；中部为一套单陆屑碎屑建造夹页岩建造，以含金、铁为特点，代表性矿床有板庙子（白山）金矿、青沟子铁矿；上部为一套台地碳酸盐岩-藻礁碳酸盐岩-礁后盆地黑色页岩建造组合。早古生代地层下部为一套红色页岩建造，红色页岩夹浅海相碳酸盐岩建造，以含磷、石膏为特征，代表性矿床有东热石膏矿、水洞磷矿等；上部为台地碳酸盐岩建造，大多可作为水泥灰岩利用。晚古生代早期地层为含煤单陆屑建造，构成了浑江煤田的主体，晚期地层为一套河流相红色多陆屑建造。

在吉黑造山带上晚前寒武纪末期至早寒武世，吉中地区处于华北板块稳定大陆边缘的中亚-蒙古洋扩张中脊形成阶段。早寒武世在九台的机房沟、四平的下二台一带具有拉张过渡壳特征，主要形成了一套大洋底基性火山喷发物，夹有碎屑岩、少量碳酸盐岩和含铁、锰沉积，构成一套完整的火山沉积旋回。

延边的海沟地区、万宝地区的粉砂岩及板岩和龙白石洞地区的大理岩均见有具刺疑源类或波罗的刺球藻等化石，敦化地区的塔东岩群一般认为也可与黑龙江的张广才岭群对比，时代为新元古代晚期。塔东岩群以铁、钒、钛、磷成矿为主，代表性矿床为塔东铁矿。加里东期侵入岩以铜、镍、铂、钯成矿作用为主，代表性矿床有仁和洞铜镍矿。

中晚石炭世—早二叠世地层主要为一套碳酸盐岩建造，中二叠世为一套海相陆源碎屑岩夹火山岩建造，晚二叠世—早三叠世为陆相磨拉石建造。海西早期形成两条花岗岩带，一条为和龙百里坪-敦化六棵松二叠纪花岗岩带，为一套钙碱性-碱性花岗岩组合；另一条为延吉依兰-敦化官地二叠纪花岗岩带，同样为一套钙碱性系列花岗岩。同时，可见有超铁镁岩侵入，见有铬矿化，代表性矿床有龙井彩秀洞铬铁矿点。海西晚期在槽台边界构造带内形成一条东起龙井江域经和龙长仁、海沟直至桦甸色洛河的几千米至十几千米宽的构造岩片堆叠带，带内堆叠了不同时代、不同性质的构造岩片，以富含金为特点。

古亚洲多幕造山运动结束于早三叠世，其侵入岩标志为长仁-獐项镁铁-超镁铁质岩体群的就位，在区域上构成了长仁-漂河川-红旗岭镁铁质-超镁铁质岩浆岩带，以铜、镍成矿作用为主，代表性矿床有长仁铜镍矿。而同期沉积作用的标志为白水滩拉分盆地的陆相含煤碎屑岩建造。

4. 中新生代滨太平洋构造域演化阶段

晚三叠世以来，吉林省进入滨太平洋构造域的演化阶段，受太平洋板块向欧亚板块俯冲作用的影响，在吉南地区浑江小河口、抚松小营子等地形成断陷含煤盆地，同时，在长白地区发育有长白组火山岩，在通化龙头村等地见有石英闪长岩-花岗闪长岩-二长花岗岩侵入。早侏罗世的构造活动基本延续晚三叠世的活动特征，其中主要沉积物为一套陆相含煤建造，代表性盆地有临江的义和盆地、辉南杉松岗盆地等，但火山岩不发育。侵入岩为一套石英闪长岩-花岗闪长岩-二长花岗岩-白云母花岗岩组合。中侏罗世—早白垩世受太平洋板块斜向俯冲作用的影响，区内形成一系列北东向走滑拉分盆地，沉积一系列火山-陆源碎屑岩，其中中侏罗世为一套红色细碎屑岩，晚侏罗世为一套钙碱性火山岩，早白垩世为一套钙碱性-偏碱性火山岩夹陆源碎屑岩，局部夹煤（如石人盆地），与火山岩相伴出现有一套岩石地球化学特征相当的侵入岩，局部地段有碱性花岗岩侵入。

晚三叠世早期，在吉黑造山带上，沿两江构造形成安图两江-汪清天桥岭幔源侵入岩带，主要出露在安图两江、三岔、青林子、亮兵、汪清天桥岭等地，大致沿两江断裂带的北段呈小岩株状出露，岩性为一套碱性辉长岩、角闪正长岩、石英正长岩、碱长花岗岩组合，以铁、钒、钛、磷成矿作用为主，代表性矿床有三岔铁矿点、南土城子铁矿点。晚三叠世中晚期钙碱性岩浆侵位，构成了和龙三合-珲春-东宁老黑山晚三叠世花岗岩带，岩性为闪长岩-石英闪长岩-花岗闪长岩-二长花岗岩组合，以金、铜、钨成矿作用为主，代表性矿床有小西南岔金铜矿、杨金沟钨矿。与此同时，伴生有大量火山喷发，形成一系列火山盆地，代表性盆地有天宝山盆地、天桥岭盆地等。两者共同构成了滨西太平洋的晚三叠世岩浆弧，与之相关的次火山岩具有多金属成矿作用，代表性矿床有天宝山多金属矿。早侏罗世—中侏罗世基本继承了晚三叠世岩浆弧的特点,但火山作用不明显,未见有火山岩及沉积岩层,而钙碱性侵入岩较发育。有两条侵入岩带:一条为和龙崇善-汪清春阳早侏罗世花岗岩带,岩性为闪长岩-石英闪长岩-花岗闪长岩-二长花岗岩-碱长花岗岩组合;另一条为大蒲柴河中侏罗世花岗岩带,岩性为花岗闪长岩-似斑状花岗闪长岩-二云母花岗岩组合。晚侏罗世岩浆作用以火山喷发为主,形成一套钙碱性火山岩系(屯田营组),侵入岩仅在火山盆地周边局部发育,具有次火山岩的特点。至早白垩世随着欧亚板块的向外增生,受太平洋板块俯冲的远距离效应影响,地壳明显处于拉分作用的状态,具有向裂谷系方向演化的特点,形成一系列断陷盆地,沉积了一系列陆相含煤建造(长财组)、偏碱性火山岩建造(泉水村组)及含油建造(大拉子组),同时伴生有碱性花岗岩侵入(和龙仙景台岩体)。晚白垩世盆地的裂谷性质已趋成熟,其中罗子沟等盆地发现有覆盖在大拉子组之上的一套安山玄武岩-流纹岩组合,具有双峰式火山岩的特点;而龙井组可能代表了该时期的类磨拉石建造。

晚侏罗世—白垩纪是吉黑造山带的一个重要成矿期,成矿以金、铜为主,矿产地众多,代表性的有五凤金矿、刺猬沟金矿、九三沟金矿等。

新生代以来火山作用加剧,火山喷发物为大陆拉斑玄武岩-碱性玄武岩-粗面岩-碱流岩组合。新生代地质体主要分布在长白山地区,为一套裂谷型大陆拉斑玄武岩-碱性玄武岩-碱流岩组合,以及少量河湖相砂砾岩夹硅藻土,另外在敦密构造带见有少量古近纪辉长岩侵入,同位素年龄为 32Ma 左右。

总结吉林省成矿地质特征,与矿化有关的蚀变主要有矽卡岩化、碳酸盐化、硅化、黄铁矿化、透闪石化、滑石化、钾化、绢云母化、绿泥石化等。

二、区域矿产概况

吉林省矿产资源十分丰富,有能源、黑色金属、有色金属及贵金属、稀土金属、化工原料、建筑材料以及非金属矿产等 70 多种。其中以金、镍、钼、硅灰石、硅藻土最具优势。下面根据预测矿种分别简介如下。

1. 煤炭

吉林省主要聚煤盆地分布在中部、东部和南部,盆地形成于巨型古隆起的次级断陷内或巨型沉降带边缘部位。由于地史上聚煤盆地的形成和聚煤作用的发生是古气候、古植物、古地理、古构造诸因素综合作用的结果,因此吉林省煤盆地均为中小型。吉林省聚煤盆地总面积约 3.8 万 km^2,其中生产矿区 1260km^2,占聚煤盆地总面积的 41.1%。整体看,吉林省尚有大面积预测区未开展勘查工作。全省共有不同级别的预测区 97 个,预测煤炭资源量 48 亿吨。

2. 铁矿

吉林省铁矿成因类型分为沉积变质型、沉积型、接触交代-热液型、风化淋积型 4 种。沉积变质型铁矿包括板石沟式、老牛沟式、集安式、塔东式、大栗子式,是全省最重要的铁矿类型,有矿床、矿点近 200 处。80% 的产地分布在北部,其他 20% 分布于吉南台块中。沉积铁矿成矿时代为新元古代青白口纪、震旦纪,古生代寒武纪、石炭纪。多数为矿点,工业矿床均为小型。工业矿床称临江式和浑江式,分别产于青白口系和震旦系中。全省内接触交代-热液型铁矿有矿床、矿点 220 多处,其中仅有 10 处小型工业矿床。吉林省有一定规模的铁矿主要分布在夹皮沟—和龙、四方山—板石沟的新太古代裂陷槽中及古元古代老岭岩群大栗子岩组分布区。

3. 铜矿

吉林省铜矿,包括伴生矿产共计 70 处。至 2009 年底累计探明资源储量 799 025.58 吨。其中 90%

为伴生矿,此外尚有15.9万吨是难以利用的储量。单一矿产储量所剩无几,铜矿资源十分短缺。近几年虽然有一些发现,如天合兴铜矿、大横路铜矿等,但大都属于贫矿。

吉林省铜矿主要成因类型有4种:与基性-超基性岩有关的铜镍硫化物矿床,与中-酸性岩浆岩有关的热液铜矿,火山-沉积(块状硫化物)铜矿和变质热液型铜矿。与基性-超基性岩有关的铜镍硫化物矿床受大断裂控制明显,如山门矿田、红旗岭矿田、漂河川矿田、长仁-獐项矿田、赤柏松矿田等。与中-酸性岩浆岩有关的热液铜矿(包括斑岩型、矽卡岩型、热液充填型)与海西晚期、印支期、燕山期岩浆岩有关,与成矿作用关系最为密切的岩体多为中、小型浅成、超浅成侵入体或次火山岩体,如通化的二密铜矿、小西南岔铜矿等。火山-沉积(块状硫化物)铜矿形成于晚古生代海相火山-沉积环境,产于类复理石建造的砂岩、灰岩、泥灰岩夹海底火山喷发的中性凝灰岩、熔岩中。矿体呈似层状,如汪清红太平铜矿。变质热液型铜矿多数和金伴生,作为金矿的伴生矿产。少数以铜为主的矿床,产于太古宙变质岩系中,受断裂控制明显,如桦甸头道岔铜矿。吉林省铜矿主要分布于磐石的红旗岭—漂河川地区,延边的长仁—獐项、红太平、复兴地区,通化的二密地区,吉南的集安—长白地区等。

4. 铅锌矿

吉林省铅矿区共计33处,锌矿区共计30处,以铅、锌为主的矿床主要有11处。截至2009年底共累计探明资源储量铅426 929.86吨,锌1 152 418.57吨。其中,天宝山铅锌矿占累计探明储量的50%以上。天宝山铅锌矿经多年开采,其可采储量已难以维持矿山的正常运行,矿山人员大部分西迁到山门银矿。除天宝山为一大型铅锌矿床外,其余都为中小型,又以小型为最多。近几年虽有些新的发现(浑江和集安等地),但多数为矿点或小型矿床,没有大突破。

铅锌多为共生矿,同时伴生有铜、金、硫等。吉林省以铅、锌为主的矿床的成因类型有岩浆期后热液型(包括矽卡岩型)、海相火山沉积型、碳酸盐岩型3种。岩浆期后热液型(包括矽卡岩型)铅锌矿与海西晚期、印支期、燕山期中-酸性岩浆岩,特别是次火山岩关系密切。海相火山沉积型块状硫化物铅锌矿,与硫铁矿伴生,成矿时代为早古生代,矿床产于呼兰群中,以石缝组、头道沟组为主,成矿物质来自火山喷发,代表性矿床有伊通放牛沟多金属硫铁矿、永吉头道沟多金属硫铁矿等。碳酸盐岩型铅锌矿产于集安岩群和老岭岩群中,成矿物质来自碳酸盐岩围岩,矿体受断裂构造控制明显,代表性矿床有荒沟山铅锌矿、正岔铅锌矿等。所以吉林省的铅、锌主要分布于吉中和吉南地区。

5. 金矿

金矿是吉林省最具优势的矿种。经统计,单一岩金矿和以金为主的共生矿区共计87处,矿点几百处;砂金矿区35处。大型矿床有夹皮沟金矿、二道甸子金矿、海沟金矿、小西南岔铜金矿4处,中型矿床有刺猬沟金矿、板庙子金矿、三道岔金矿、香炉碗子金矿、南岔金矿、荒沟山金矿、西岔金矿7处,小型矿床20处。至2009年底,吉林省金矿(岩金)累计探明资源储量333 489.22 kg,砂金41 082.00 kg。

已知金矿主要分布在吉林地区二道甸子至夹皮沟一带,延边地区五凤至刺猬沟一带和通化南及集安地区,近年来在浑江荒沟山至南岔一带有新的发现,目前已经过详查的南岔金矿、荒沟山金矿均达中型以上,该区资源潜力较大,将成为吉林省又一重要黄金基地。

吉林省金矿成因类型有4种,即变质热液型、火山-次火山热液型、侵入岩浆热液型、沉积型。变质热液型金矿包括古绿岩型金矿、变质火山岩型金矿、碎屑岩-碳酸盐岩型金矿。古绿岩型金矿是吉林省最重要的金矿类型,分布于吉南台块北缘,总体构成近东西向的成矿带,代表性矿床有夹皮沟金矿、金城洞金矿等。变质火山岩型金矿含矿层位有中元古代晚期色洛河群和石炭系鹿圈屯组,前者代表性矿床有海沟金矿,后者代表性矿床有头道川金矿。碎屑岩-碳酸盐岩中的金矿产于集安岩群、老岭岩群中,代表性矿床有南岔金矿、荒沟山金矿、辽源湾月金矿、桦甸二道甸子金矿等。火山-次火山热液型金矿产于中生代火山-次火山岩中,受火山构造控制明显。矿床一般为浅成-超浅成,代表性矿床有刺猬沟金矿、香炉碗子金矿等。侵入岩浆热液型金矿产于海西晚期、燕山期侵入岩及其接触带中,多与铜、铅、锌等有色金属伴生,可分为斑岩型、矽卡岩型、热液充填型、破碎带蚀变岩型,代表性矿床有集安西岔金银矿。沉积型金矿又可分为古砾岩型金矿和现代砂金矿。古砾岩型金矿产于珲春、春化、桦甸第三系(古近系＋新近系)砾岩中,同时近年在白山板石庙岭一带长城系底部砾岩中发现的金矿有可能成为大型金矿。现代砂金矿以珲春河、古洞河、苇沙河流域为主要产地。吉林省金矿矿点多,成因复杂,主要成矿带有夹皮沟成矿带、老岭成矿带等,资源潜力巨大。

6. 银矿

吉林省银矿,包括伴生矿产,共计38处。代表性矿床有四平山门银矿(大型)、永吉八台岭金银矿、西林河银矿和百里坪银矿等。其中,百里坪可能成为吉林省第二个"山门"。至2009年底,共累计探明资源储量2 768.21吨。

吉林省单一银矿主要分布在大黑山条垒南、北两端(南有山门、北有八台岭)和和龙地体中的花岗绿岩区。伴生银矿比较广泛,在各类型金矿和铅锌矿中都有分布,如兰家金矿、九三沟金矿、爱国铅锌矿等。

7. 钼矿

钼矿是吉林省的优势矿种,以斑岩型成因为主,控矿构造主要是燕山期的花岗岩类侵入体与断裂交会处。矿石矿物主要有辉钼矿、黄铁矿、黄铜矿以及少量方铅矿、闪锌矿;脉石矿物为长石、石英、云母。围岩蚀变有钾长石化、石英-绢云母化、黄铁矿化、辉钼矿化、高岭土化、沸石化等,蚀变分带明显。

吉林省钼矿集中分布于吉林省中部地槽区,最著名的是吉林永吉大黑山钼矿,为特大型,查明储量1 497 329吨。中大型的有季德屯钼矿、福安堡钼矿、大石河钼矿、刘生店子钼矿等。

矽卡岩成因的钼矿为伴生型(与铜伴生),品位低,储量小。

目前,钼矿有16处生产区。截至2009年底,累计探明资源储量1 989 467.70吨。

8. 镍矿

吉林省镍矿主要是岩浆熔离-贯入成因,伴生矿种为铜矿。控矿岩体为含镍的基性-超基性侵入岩体,压扭性断裂为成矿提供储矿空间。矿物组合主要有磁黄铁矿、镍黄铁矿、黄铜矿、紫硫镍矿和黄铁矿,其次是砷镍矿、红砷镍矿、磁铁矿、方铅矿、墨铜矿、砷镍矿、辉钼矿和钛铁矿等。围岩蚀变有滑石化、次闪石化、黑云母化、皂石化、蛇纹石化、绢云母化等。这些典型的蚀变与成矿关系密切,是重要的找矿标志。

吉林省镍矿多分布于槽区,基性-超基性侵入岩体受深大断裂控制。代表性矿床有红旗岭铜镍矿、赤柏松铜镍矿、漂河川铜镍矿、长仁铜镍矿。

目前,采矿区有23处,截至2009年底,累计探明资源储量375 016.00吨。

9. 硫铁矿

吉林省硫铁矿有独立硫铁矿床和伴生硫铁矿,以黄铁矿为主要载体矿物。独立硫铁矿床成矿类型有岩浆热液型和湖相沉积型,成矿期以海西早期和燕山晚期为主。矿床受地层、构造、岩浆活动控制明显,青磐岩化、硅化、矽卡岩化、黄铁矿化、绿泥石化等围岩蚀变强烈。

代表性矿床有伊通县放牛沟多金属硫铁矿床、永吉县头道沟硫铁矿床(岩浆热液型)、桦甸市西台子硫铁矿床、临江市荒沟山硫铁矿床(湖相沉积型)。截至2009年底,共累计探明资源储量17 765万吨。

伴生成因硫铁矿主要赋存在钼矿、铜镍矿、铅锌矿以及金矿中，如永吉大黑山钼矿、磐石红旗岭铜镍矿、通化赤柏松铜镍矿、白山荒沟山铅锌矿、闹枝金矿等岩浆热液活动是成矿的主要因素。截至2009年底，共累计探明矿石储量4 146.3万吨。

10. 铬铁矿、硼矿、萤石

该类矿产在吉林省分布十分有限，规模均以小型为主。代表性矿床分别为小绥河铬铁矿、高台沟硼矿、牛头山萤石矿。

铬铁矿主要产于海西期的超基性岩体中，岩性以橄榄岩为主。含矿岩体蛇纹石化强烈，原生造岩矿物及原岩结构构造已被破坏，仅按次生结构划分为粗粒叶蛇纹岩和致密状蛇纹岩。矿物组合有铬尖晶石、赤铁矿、褐铁矿、磁铁矿、黄铁矿、针镍矿、硫钴矿和六方硫钴矿以及脉石矿物绿泥石、白云石等。围岩蚀变主要有铬铁矿化、滑石化、碳酸盐化、硅化、褐铁矿化、绿泥石化、黄铁矿化。累计探明资源储量为31 000吨。

硼矿主要产于古元古界集安岩群蚂蚁河岩组中，该岩组岩性以斜长角闪岩、黑云变粒岩以及白云质大理岩、含硼蛇纹岩、橄榄大理岩等为主，属于富镁的碳酸盐岩、硅酸盐岩建造。矿致系统受构造凹陷控制明显，沉积变质改造成矿作用强烈。主要的矿石矿物有硼镁石、硼镁铁矿、橄榄石、蛇纹石、菱镁石、磁铁矿等。围岩蚀变有蛇纹石化、磁铁矿化、混合岩化。矿石类型为硼镁石-蛇纹石型、硼镁石-磁铁矿-蛇纹石型。可采矿区15处，累计探明资源储量46.878万吨。

萤石矿主要产于下古生界沉积建造及中生界火山岩建造中，成矿岩浆系统受断裂构造裂隙控制，是燕山期酸性岩浆热液的产物。矿物组成主要为萤石、石英，以及少量方解石。硅化与成矿关系密切，是找矿的重要标志。矿石类型有石英-萤石型，纯萤石脉型较少。截至2009年底，可采矿区6处，累计探明资源储量28.65万吨。

第三章 数据基础与工作方法

第一节 自然重砂工作程度

吉林省区域重砂工作起步于1958年,主要与1:20万区域地质调查工作同步展开,并在1982年结束全部工作。共完成21幅1:20万图幅的重砂采样工作,采样面积占东部山区总面积的99%。重砂采样点数总计40 127个,鉴定的重砂矿物共405种。

1:5万自然重砂测量工作始于1978年,主要是随着1:5万水系沉积物测量工作展开。全省共完成17幅1:5万图幅和2幅1:1万图幅的重砂工作任务。由于原始测量数据已难以收集,收集到的只是部分文字报告,因此,本次工作没有使用。具体见表3-1-1、表3-1-2,图3-1-1、图3-1-2。

表3-1-1 吉林省1:20万自然重砂工作程度一览表

图幅编号	图幅名称	比例尺	完成单位	工作时间	样品数/个	资料质量	建库情况	项目使用程度
1	浑江市幅	1:20万	长春地质学院	1958—1960年	796	一般	建库	完全
2	集安县幅	1:20万	吉林省地质矿产局区域地质矿产调查所	1974年				
3	明月镇幅	1:20万	吉林省地质矿产局区域地质矿产调查所	1958—1959年	2906	好	建库	完全
4	延吉市幅	1:20万	吉林省地质矿产局区域地质矿产调查所	1958—1961年	3235	很好	建库	完全
5	桦树林子幅	1:20万	吉林省地质矿产局区域地质矿产调查所	1969—1971年	2292	好	建库	完全
6	抚松县幅	1:20万	吉林省地质矿产局区域地质矿产调查所	1966—1969年	1328	较差	建库	完全
7	漫江-长白幅	1:20万	吉林省地质矿产局区域地质矿产调查所	1961—1962年	1189	一般	建库	完全
8	白头山幅	1:20万	吉林省地质矿产局区域地质矿产调查所	1971—1973年	1473	一般	建库	完全
9	大砬子幅	1:20万	吉林省地质矿产局区域地质矿产调查所	1962—1963年	1858	一般	建库	完全

续表 3-1-1

图幅编号	图幅名称	比例尺	完成单位	工作时间	样品数/个	资料质量	建库情况	项目使用程度
10	珲春-春化幅	1:20万	吉林省地质矿产局区域地质矿产调查所	1981—1982年	3876	很好	建库	完全
11	大兴沟幅	1:20万	吉林省地质矿产局区域地质矿产调查所	1962—1963年	1797	较差	建库	完全
12	长春市幅	1:20万	吉林省地质矿产局区域地质矿产调查所	1976—1977年	857	好	建库	完全
13	辽源市幅	1:20万	吉林省地质矿产局区域地质矿产调查所	1976—1977年	2531	较好	建库	完全
14	海龙县幅	1:20万	吉林省地质矿产局区域地质矿产调查所	1973—1975年	2584	好	建库	完全
15	通化市幅	1:20万	吉林省地质矿产局区域地质矿产调查所	1975—1976年	3090	较好	建库	完全
16	舒兰市幅	1:20万	吉林省地质矿产局区域地质矿产调查所	1978—1979年	1038	好	建库	完全
17	靖宇县幅	1:20万	吉林省地质矿产局区域地质矿产调查所	1977—1979年	1849	好	建库	完全
18	敦化市幅	1:20万	吉林省地质矿产局区域地质矿产调查所	1976—1977年	702	一般	建库	完全
19	蛟河市幅	1:20万	吉林省地质矿产局区域地质矿产调查所	1979—1980年	2355	较好	建库	完全
20	老黑山幅	1:20万	吉林省地质矿产局区域地质矿产调查所	1976—1977年	2500	好	建库	完全
21	向阳山幅	1:20万	吉林省地质矿产局区域地质矿产调查所	1979—1982年	1871	一般	建库	完全

1981—1985年期间,吉林省地质矿产局区域地质矿产调查所对吉林省1:20万区域重砂资料进行了全面系统的总结。共圈出240处各类重砂矿物异常,27处重砂找矿远景区,并结合区域地质背景、成矿地质条件及矿产分布特征,探索了吉林省区域重砂的分布分配规律。最终提交了3项具有一定使用价值的重砂研究成果,即吉林省1:50万自然重砂异常图、吉林省重砂异常登记卡片、吉林省重砂异常图说明书。本次工作仅收集到吉林省重砂异常图说明书及部分图件。

研究以往的重砂工作可知,吉林省自然重砂采集的样品,其原始质量有3种,即28kg、30kg、32kg。以上游水系,即5、6级河流为主。一般样品间距为0.5~1.2km或1.8km。对于较大河流水系,采样间距控制在1.5~2km之间。采样深度均控制在20~40cm之间,最深达到50~60cm。采样密度为每4km²1~2个样,以上游密、下游疏、支流密、干流疏为原则。砂样淘洗到灰色程度,使多数有益矿物得到保全,从而保证淘洗后重砂样品的质量足够,亦使原始资料质量能够达到较好级别,有一定的可信度。

表 3-1-2　吉林省 1∶5 万自然重砂工作程度(包括异常查证)一览表

序号	图幅名称或专题研究名称	比例尺	完成时间	完成单位	资料存放地点	建库情况	使用程度
1	吉林省汪清县十里坪地区重砂金异常普查	1∶1万	1978年	吉林省地质矿产局黄金地质大队	吉林省地质矿产局黄金地质大队	未建库	未
2	汪清县趟子沟自然金异常检查评价	1∶1万	1978年	吉林省地质矿产局第九地质大队	吉林省地质矿产局第九地质大队	未建库	未
3	北大秧幅1∶5万水系沉积物测量、水系重砂测量	1∶5万	1987年	吉林省地质矿产局第二地质调查所	吉林省地质矿产局第二地质调查所	未建库	未
4	西北岔屯幅1∶5万水系沉积物测量、水系重砂测量	1∶5万	1987年	吉林省地质矿产局第二地质调查所	吉林省地质矿产局第二地质调查所	未建库	未
5	山城镇幅1∶5万水系沉积物测量(含重砂测量)	1∶5万	1988年	吉林省地质矿产局第三地质调查所	吉林省地质矿产局第三地质调查所	未建库	未
6	四合屯幅1∶5万水系沉积物测量、重砂测量	1∶5万	1987年	吉林省地质矿产局第二地质调查所	吉林省地质矿产局第二地质调查所	未建库	未
7	横道河子幅1∶5万水系沉积物测量、重砂测量	1∶5万	1987年	吉林省地质矿产局第二地质调查所	吉林省地质矿产局第二地质调查所	未建库	未
8	榆木桥子幅1∶5万水系沉积物测量、重砂测量	1∶5万	1987年	吉林省地质矿产局第二地质调查所	吉林省地质矿产局第二地质调查所	未建库	未
9	吉林省桦甸县桦甸镇西部地区水系沉积物测量	1∶5万	1979年	吉林省地质矿产局第二地质大队	吉林省地局第二地质大队	未建库	未
10	卧龙湖幅1∶5万水系沉积物及水系重砂测量	1∶5万	1984年	吉林省地质矿产局第六地质调查所	吉林省地质矿产局第六地质调查所	未建库	未
11	古洞河幅1∶5万水系沉积物及水系重砂测量	1∶5万	1984年	吉林省地质矿产局第六地质调查所	吉林省地质矿产局第六地质调查所	未建库	未
12	和龙县幅1∶5万水系沉积物及水系重砂测量	1∶5万	1987年	吉林省地质矿产局第六地质调查所	吉林省地质矿产局第六地质调查所	未建库	未
13	百草沟幅1∶5万水系沉积物及水系重砂测量	1∶5万	1987年	吉林省地质矿产局第六地质调查所	吉林省地质矿产局第六地质调查所	未建库	未
14	苇子沟幅1∶5万水系沉积物及重砂测量	1∶5万	1987年	吉林省地质矿产局第六地质调查所	吉林省地质矿产局第六地质调查所	未建库	未
15	东岗幅1∶5万水系沉积物、自然重砂测量	1∶5万	1987年	吉林省地质矿产局第二地质调查所	吉林省地质矿产局第二地质调查所	未建库	未
16	松树镇幅1∶5万水系沉积物、自然重砂测量	1∶5万	1987年	吉林省地质矿产局第二地质调查所	吉林省地质矿产局第二地质调查所	未建库	未
17	抚松县幅1∶5万水系沉积物测量、自然重砂测量	1∶5万	1987年	吉林省地质矿产局第二地质调查所	吉林省地质矿产局第二地质调查所	未建库	未
18	仙人桥幅1∶5万水系沉积物测量、自然重砂测量	1∶5万	1987年	吉林省地质矿产局第二地质调查所	吉林省地质矿产局第二地质调查所	未建库	未
19	楼街幅1∶5万重砂、水系沉积物地球化学勘查(部分)	1∶5万	1982年	吉林省地质矿产局黄金地质调查所	吉林省地质矿产局黄金地质调查所	未建库	未

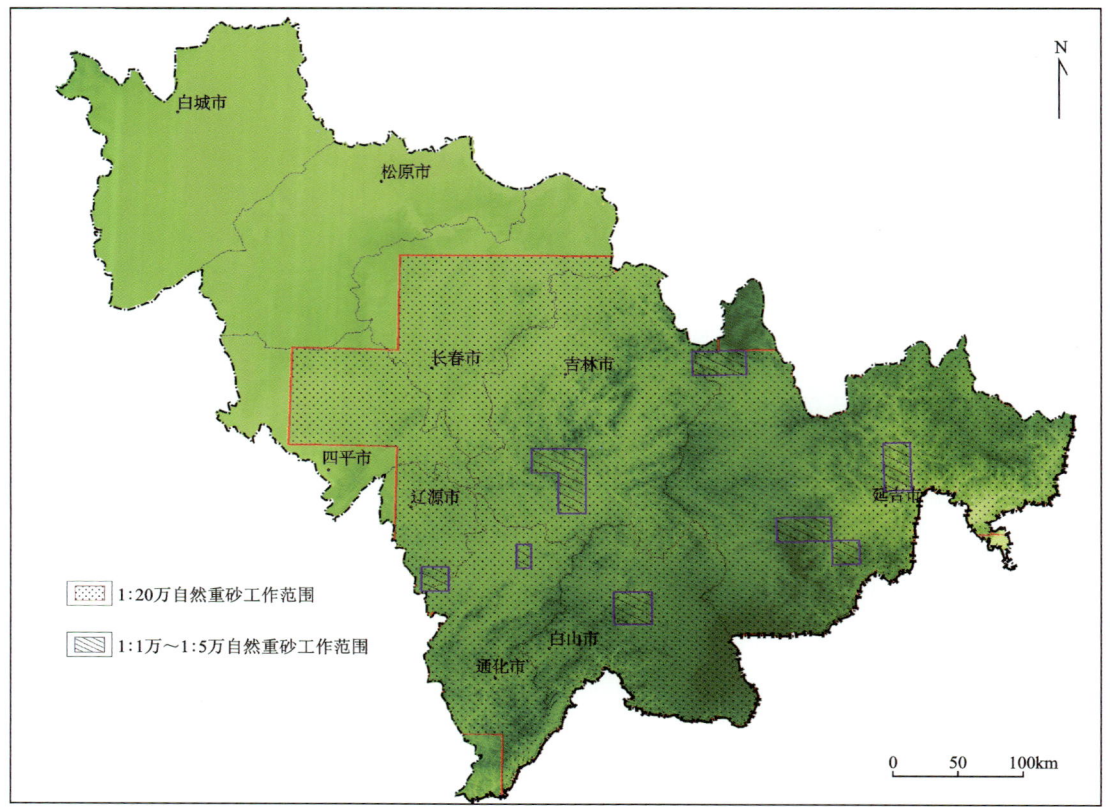

图 3-1-1　吉林省自然重砂工作程度示意图

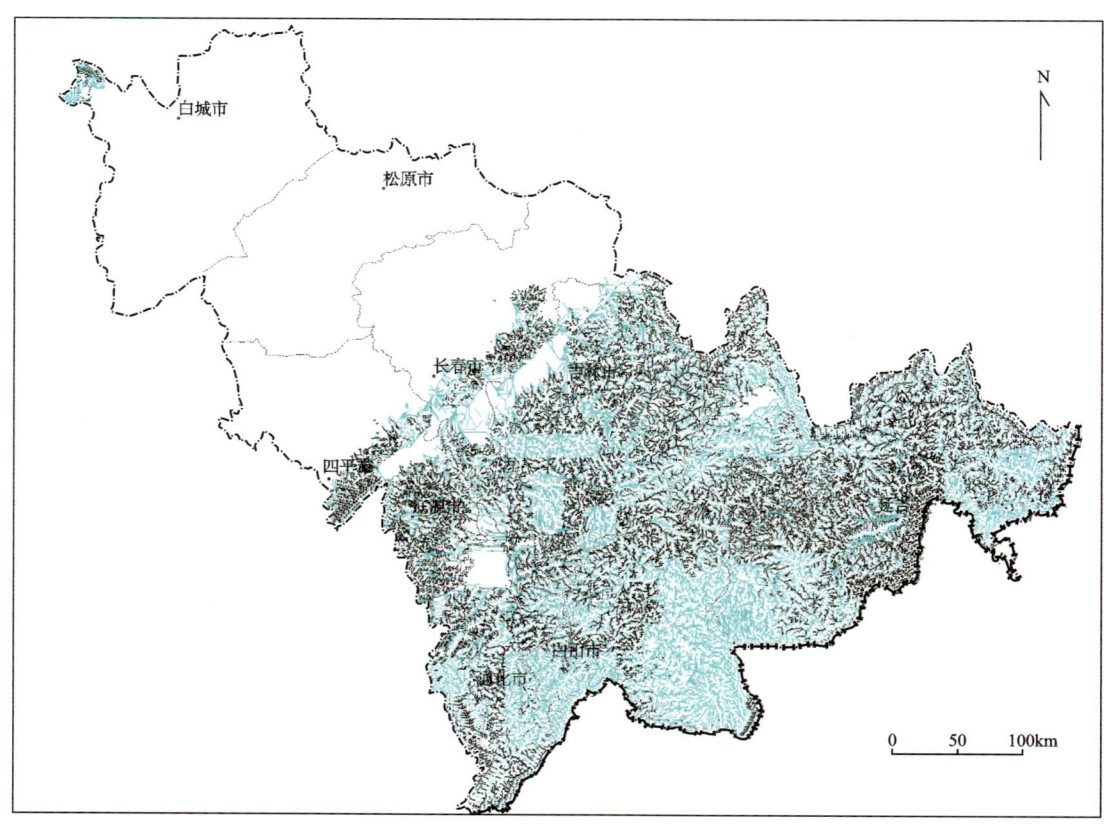

图 3-1-2　吉林省自然重砂采样点位示意图

20多年的找矿实践证明,重砂异常为吉林省地质找矿提供了重要的找矿依据。例如,利用1∶20万自然重砂异常先后找到了陆相火山岩热液型刺猬沟金矿,春化镇五道沟岩浆热液型金、白钨矿,桦树林子迎风沟辰砂矿,蛟河新安黑钨矿以及白头山荒沟独居石砂矿等。

本研究使用的自然重砂基础数据,主要是中国地质调查局发展研究中心提供的吉林省1∶20万自然重砂数据库。该数据在建库过程中,严格按照《自然重砂数据库建设工作指南》的要求完成,保证了数据库建设的可靠性和建库质量。整个建库共录入完成了吉林省中东部地区21个县市图幅任务总采样数中的33 919件重砂样品的自然重砂测量数据。

第二节 技术标准和工作方法

一、技术标准

重砂技术标准按如下规定执行:
(1)《自然重砂资料应用技术要求》。
(2)《全国矿产资源潜力评价数据模型 自然重砂分册》。
(3)省级总体设计及2009年工作方案。
(4)《关于印发全国自然重砂资料应用成果要求的通知》(项目办发〔2009〕35号)中的3个附件:附件1.编图说明书编写要求与示范;附件2.自然重砂图件图示表达要求(包括示范图件);附件3.省级自然重砂资料应用报告编写提纲。
(5)自然重砂数据库系统用户使用手册(ZSAPS2.0版)。
(6)中国地质调查局于2006年发布的《地质数据质量检查与评价》。
(7)国土资源部于2008年发布试用的《国土资源数据库数据质量检查验收规范》。

二、工作方法

1. 自然重砂矿物的选择

在总结吉林省自然重砂工作成果和资料的基础上,针对要预测的矿种及各种成矿类型的典型矿床所涉及的自然重砂矿物,吉林省优选了22种自然重砂矿物进行研究。即磁铁矿、黄铁矿、铬铁矿、铜族矿物、铅族矿物、白钨矿、锡石、金、辉钼矿、磷灰石、重晶石、辰砂、钍石、磷钇矿、独居石、泡铋矿、毒砂、自然银、辉锑矿、萤石、橄榄石、辉石。

铜族矿物有黄铜矿、孔雀石、辉铜矿、蓝铜矿、赤铜矿、自然铜。

铅族矿物有白铅矿、方铅矿、铅矾、自然铅。

2. 自然重砂数据准备工作

吉林省自然重砂基础数据主要源于全国1∶20万自然重砂数据库,随代码共检索出重砂矿物405种。选取对吉林省矿产资源评价作用明显的22种,运用自然重砂数据库系统,对该22种矿物的自然重砂数据进行标准化处理分析,即:在操作系统内了解22种重砂矿物的分布情况,将以克(g)或百分比(%)为单位检测出的重砂矿物,采用10^{-5}g作为一个颗粒标准单位进行换算,统一以"粒"为单位,并在系统中对换算后的22种重砂矿物数据进行分布检验。根据吉林省重砂矿物采样点位图统计采样总量为33 919个,单矿物报出率分别是磷灰石(17 704粒,52.2%)、白钨矿(11 921粒,35.1%)、独居石

(11 389粒,33.6%)、黄铁矿(10 250粒,30.2%)、磁铁矿(8895粒,26.2%)、辰砂(7669粒,22.6%)、辉石(4180粒,12.3%)、自然金(3752粒,11.1%)、钍石(2587粒,7.6%)、橄榄石(2284粒,6.7%)、锡石(2093粒,6.2%)、重晶石(1646粒,5.0%)、铅族矿物(1030粒,3.0%)、泡铋矿(696粒,2.1%)、铬铁矿(372粒,1.1%)、磷钇矿(348粒,1.0%)、铜族矿物(233粒,0.7%)、毒砂(148粒,0.4%)、辉钼矿(59粒,0.2%)、萤石(33粒,0.1%)、辉锑矿(6粒,0.02%)、自然银(2粒,0.01%)。

3. 技术路线

按照自然重砂基本工作流程,在矿物选取和重砂数据准备完善的前提下,根据《自然重砂资料应用技术要求》,应用吉林省1:20万重砂数据制作吉林省自然重砂工作程度图和自然重砂采样点位图,以选定的22种重砂矿物为对象,相应制作重砂矿物有无图、分级图和八卦图,并在这些基础图件的基础上,结合汇水盆地圈定自然重砂异常图和自然重砂组合异常图,并进行异常信息的处理。

全省重砂矿物综合异常图是依据全省矿物组合异常在空间上的套合程度圈定而成,根据矿产的分布特征,结合全省Ⅳ级、Ⅴ级成矿带的划分,在重砂矿物综合异常图上圈出找矿远景区。同时根据成矿地质背景、成矿地质条件以及成矿致系统特征,对重砂异常进行综合解释评价。

预测工作区重砂异常图仍以吉林省1:20万重砂数据为基础数据源,以预测工作区为单元,截取1:20万重砂数据制作单矿物含量分级图,在分级图的基础上,圈定预测工作区重砂异常图。

预测工作区矿物组合异常图是在预测工作区单矿物异常图的基础上,以预测工作区内分布的典型矿床或矿点所涉及的重砂矿物选择矿物组合,将区内单矿物异常空间套合较好的部分,以人工方法圈定预测工作区矿物组合异常图。异常图件建库工作依照自然重砂异常数据模型进行。

制作以上图件所利用的软件为ZSAPS2.0和MapGIS6.7。

自然重砂基本工作流程如图3-2-1所示。

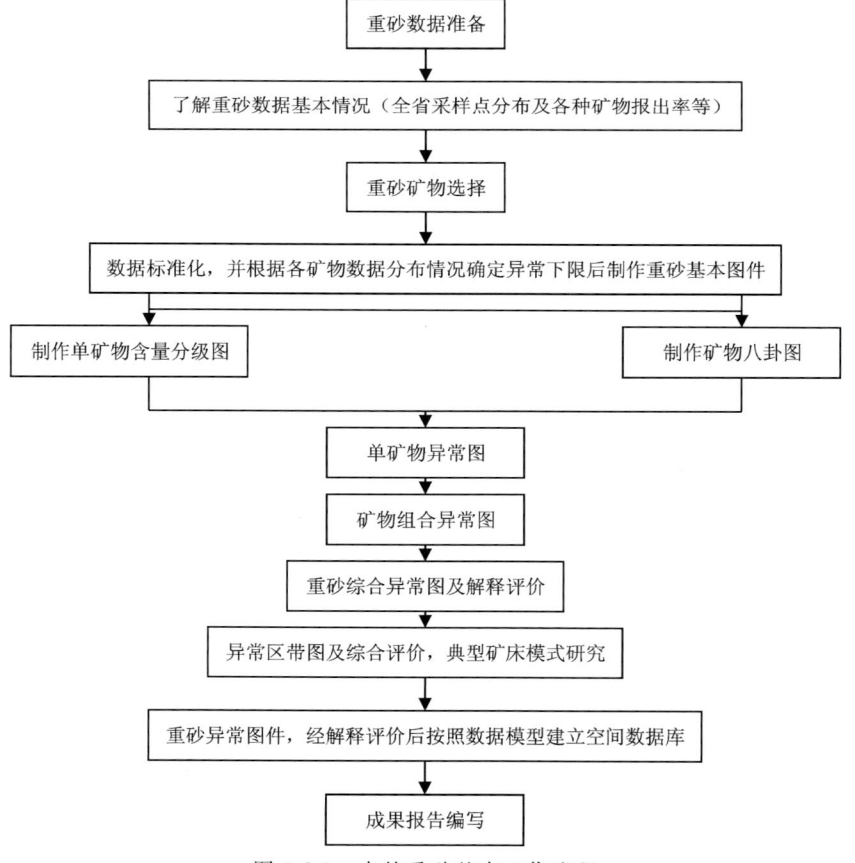

图3-2-1 自然重砂基本工作流程

三、图件制作方法

根据《自然重砂资料应用技术要求》，按照自然重砂数据库 ZSAPS2.0 操作系统，对选取的 22 种自然重砂矿物，以 1∶20 万重砂数据为基础数据源，在 MapGIS 制图软件中生成自然重砂各类图件。

1. 吉林省自然重砂工作程度图

该图是以 1∶20 万和 1∶5 万自然重砂工作程度编制而成。1∶20 万重砂采样是随 1∶20 万区调普查同步进行的，共完成 21 幅 1∶20 万图幅的重砂采样工作，采样点数 40 127 个，建库录入数 33 919 个。工作范围覆盖整个吉林省中东部地区，并根据技术要求建立了 1∶20 万自然重砂数据库。

吉林省 1∶5 万自然重砂测量工作始于 1978 年，主要是随着 1∶5 万水系沉积物测量工作展开，共完成 1∶5 万 19 幅的图幅任务（包括 2 幅 1∶1 万图幅）。未进行建库工作。

图面按工作区域进行整理编排，由计算机人员把工作内容矢量化，选择浅灰颜色充填 1∶20 万自然重砂工作区。1∶5 万自然重砂工作范围，用细实线表示，同时标注工作年度及工作比例尺。最后在 MapGIS 成图软件中按图示规范整饰成图。成图比例尺 1∶50 万。

2. 吉林省自然重砂采样点位图

该图依据吉林省 1∶20 万自然重砂数据库提供的所有重砂矿物数据，按照 ZSAPS2.0 软件操作流程，随代码查询数据库中全部矿物并导入，设计相应参数和图层，按"点位图"指令生成采样点位图，在 MapGIS 平台上按规范整饰成图。成图比例尺 1∶50 万。

3. 吉林省自然重砂有无图

优选的 22 种重砂矿物中，报出率小于 5% 的矿物有自然银（0.01%），辉锑矿（0.02%），萤石（0.1%），辉钼矿（0.2%），毒砂（0.4%），铜族矿物（0.7%），磷钇矿（1.0%），铬铁矿（1.1%），铅族矿物（3.0%），泡铋矿（2.1%）。选择最低报出率的自然银、辉锑矿、萤石制作有无图。该类图件可直接反映自然银、辉锑矿、萤石的重砂异常分布情况。按照 ZSAPS2.0 软件操作流程，首先由 1∶20 万原始数据图层中导出重砂矿物生成矿物点位图，分别选择自然银、辉锑矿、萤石重砂矿物并导入矿物点位图中生成矿物分布图，按有无图操作指令生成重砂矿物有无图。在 MapGIS 平台上整饰成图。成图比例尺 1∶50 万。

4. 吉林省自然重砂矿物含量分级图

该图采用 1∶20 万自然重砂数据，按照《自然重砂资料应用技术要求》和 ZSAPS2.0 软件操作系统，将矿物标准化后以"粒"为单位，并由原始数据图层导出重砂矿物生成矿物点位图，对报出率大于或等于 5% 的重砂矿物含量部分作 4 级值域表达，而小于 5% 的部分，压缩为 1 级以最小实圈表达，这样矿物含量共分 5 级制作重砂矿物含量分级图。

对报出率小于 5% 的重砂矿物，将矿物含量由高到低排序，依据 ZSAPS2.0 软件操作流程按 5 级值域标准划分，在 MapGIS 平台上整饰成图，成图比例尺 1∶50 万。

5. 吉林省自然重砂八卦图

该图采用 1∶20 万自然重砂数据，根据本省预测的矿种，选择 3~5 种重砂矿物组合在一起，应用 ZSAPS2.0 软件，首先将选择的重砂矿物从原始数据中导出生成矿物分布图，然后再由原始数据图层导入到矿物生成图层中，设置值域分级和颜色参数，按照八卦图指令生成重砂矿物八卦图。成图比例尺 1∶50 万。

6. 吉林省自然重砂异常图

该图采用 1∶20 万自然重砂数据，按照《自然重砂资料应用技术要求》和 ZSAPS2.0 软件操作流程，在单矿物含量分级图的基础上，合理选择异常下限，根据汇水盆地范围，人工圈定异常曲线。同时划分异常级别，标注异常编号，并添加矿产底图。成图比例尺 1∶50 万，成图 17 张。地形地理图以 1∶25 万地形地理图精度为标准，同时在 MapGIS 平台上整饰成图，在属性结构中挂接属性，建立空间数据库。

7. 吉林省自然重砂组合异常图

该图根据要预测的矿种以及本省典型矿床所涉及的重砂矿物选择而成。制作方法是在组合矿物八卦图的基础上，将组合矿物都存在的圆饼部分或主要矿物都存在的圆饼部分，根据汇水盆地范围，用人工圈定的方法圈出异常曲线，并标注异常级别及编号，添加矿产底图。在 MapGIS 平台上整饰成图，建立空间数据库。成图比例尺 1∶50 万。

8. 吉林省自然重砂综合异常图

该图是在吉林省组合异常图的基础上，结合汇水盆地，将各矿物组合异常在空间上套合较好的部分，进行人工圈定，根据单矿物重砂异常的分布特征、重砂矿物组合特征、矿物含量的分级情况、重砂异常与化探异常的吻合程度，以及典型矿床、矿产分布状况，结合要预测的矿种，对综合异常进行评价，分出甲级、乙级、丙级，以甲级最优秀，乙级次之，丙级可作为以后找矿线索，并在综合异常圈内标注主要重砂矿物。其中，甲级综合异常 12 处，乙级综合异常 13 处，丙级综合异常 8 处。添加简化地质矿产底图，在 MapGIS 平台上整饰成图，成图比例尺 1∶50 万，建立空间数据库。

9. 吉林省自然重砂找矿远景区图

该图是根据吉林省重砂综合异常的分布特征以及重砂综合异常与成矿区带、矿田、典型矿床、矿化点群、矿化蚀变带的空间关系，结合成矿地质背景、成矿地质条件、汇水盆地等因素，划分吉林省找矿远景区 33 个。底图为简化地质矿产图，在 MapGIS 平台上按标准图示整饰成图，成图比例尺 1∶50 万。

10. 吉林省预测工作区自然重砂异常图

该图按照《自然重砂资料应用技术要求》，应用自然重砂数据库系统（ZSAPS2.0），将单矿物从 1∶20 万原始数据图层导入到矿物生成图层中，生成重砂矿物采样点位图，然后根据裁剪的预测工作区单矿物的点位数据，按照 ZSAPS2.0 操作流程，将预测工作区单矿物的矿物含量从高到低按 5 级值域标准划分，从而生成预测工作区矿物含量分级图。在分级图的基础上，根据矿物异常下限值，结合汇水盆地区域，人工圈定异常曲线，同时进行异常分级。并在 MapGIS 平台上整饰成图，成图比例尺 1∶5 万。最后依据重砂矿物异常特征挂接属性，建立空间数据库。

11. 吉林省预测工作区自然重砂组合异常图

依据《自然重砂资料应用技术要求》，在充分研究成矿地质背景和条件下，根据预测区典型矿床或矿点所涉及的重砂矿物，结合预测区内单矿物异常的分布特征，选取重砂矿物组合。将工作区内空间上套合较好的或异常相对集中的部分，采用人工方法圈定重砂矿物组合异常，并在 MapGIS 平台上整饰成图，成图比例尺 1∶5 万。最后挂接属性，建立空间数据库。

以上 1∶50 万图件均采用北京 54 坐标系，投影方式为兰伯特等角割圆锥投影，第一标准纬度 42°00′00″、第二标准纬度 46°00′00″、中央子午线经度 126°30′00″、投影原点纬度 40°40′00″。

1∶5 万图件采用的是北京 54 坐标系，投影方式为高斯-克吕格投影，依标准 6 度分带，投影分带序号 21 或 22，投影分带的中央经线的经度为 123°00′00″或 129°00′00″。

四、异常圈定原则

(1)异常下限的选择:对出现频率高、含量多、分布广的重砂矿物,采用统计方法求其异常下限。即以颗粒为单位,将矿物含量从高到低分级排序,选择累频30%含量值作为异常下限,如:辰砂、钍石、重晶石、磷灰石、独居石、黄铁矿、橄榄石、辉石等。对自然金、铅族矿物、铜族矿物等主要参照吉林省历年来矿物异常值的经验数据确定。对报出率很低的自然银(0.01%)、辉锑矿(0.02%)、萤石(0.1%)矿物,以有无图的形式展示其异常分布特征。

(2)矿物含量圈定:在确定矿物异常下限的基础上,按矿物含量分级,结合汇水盆地,通过人工圈定异常曲线。在分级点相对集中的下游汇水区域,可以集中圈定。这样既能优选异常,突出异常规模,也减少了工作量。

(3)景观条件分析:地形地貌是推断重砂矿物来源的重要依据,着重研究采样点的景观条件,以追溯上游异常为主,合理选择中下游的高含量矿物,选定山脊为界线,圈定水系中的自然重砂异常,进而推断成矿体。

(4)岩性与构造:在圈定重砂异常时应充分考虑成矿岩性特征和构造条件,对成矿有利的岩性、构造及已知矿床或矿(化)点,应圈定在重砂异常范围内。

五、异常级别的划分

根据重砂矿物各级含量值的分布态势、矿物组合特征、重砂异常强度、重砂异常规模以及重砂异常与化探异常的吻合程度,结合异常内的矿(化)点、矿床分布情况及成矿地质条件等因素,将重砂异常由高到低划分为Ⅰ、Ⅱ、Ⅲ级。

Ⅰ级异常:矿物异常点分布集中,矿物含量分级多为4、5级,成矿地质条件良好,有已知矿床或具有远景的矿(化)点分布区。

Ⅱ级异常:矿物异常点分布比较集中,矿物含量分级多为3、4级,成矿地质条件较好,已发现矿(化)点或有可能找到矿(化)点的分布区。

Ⅲ级异常:异常点分布相对集中,以1、2级矿物含量分级为主,部分3级,成矿地质条件一般,难以形成有一定找矿意义的分布区。见表3-2-1。

表3-2-1 吉林省重砂矿物含量分级表　　　　　　单位:粒

矿物名称	1级	2级	3级	4级	5级	下限
自然金	1~7	7~16	16~28	28~43	>43	1
辰砂	1~12	12~26	26~45	45~65	>65	12
白钨矿	1~23	23~64	64~145	145~350	>350	60
锡石	1~15	15~50	50~106	106~185	>185	1
磷钇矿	1~5	5~12	12~25	25~85	>85	1
泡铋矿	1~5	5~13	13~30	30~53	>53	5
钍石	1~20	20~80	80~205	205~375	>375	20
铜族矿物	1~5	5~20	20~50	50~130	>130	1
铅族矿物	1~6	6~13	13~30	30~80	>80	1
毒砂	1~7	7~22	22~50	50~260	>260	1

续表 3-2-1

矿物名称	1级	2级	3级	4级	5级	下限
辉钼矿	1～2	2～3	3～4	＞4		1
辉锑矿	1～2	2～5	＞5			1
自然银	1～2	＞2				1
萤石	1～2	2～5	5～8	8～15	＞15	1
重晶石	1～21	21～95	95～250	250～650	＞650	21
独居石	1～80	80～402	402～1005	1005～2090	＞2090	80
磷灰石	1～23	23～83	83～210	210～534	＞534	83
磁铁矿	1～5670	5670～18 500	18 500～39 400	39 400～74 000	＞74 000	39 400
黄铁矿	1～28	28～110	110～348	348～875	＞875	28
铬铁矿	1～9	9～18	18～33	33～100	＞100	1
橄榄石	1～270	270～800	800～1740	1740～4500	＞4500	800
辉石	1～950	950～2850	2850～8100	8100～19 000	＞19 000	2850

第三节　空间数据库建设

吉林省是在2001年应中国地质调查局发展研究中心的要求，开始着手建立1∶20万自然重砂数据库，并于2003年建库完成。共录入完成了吉林省中东部地区21个县市图幅33 919件重砂样品的自然重砂测量数据。建库工作严格按照《自然重砂数据库建设工作指南》的要求完成。全部数据由专人按自检、互查、抽检三级标准进行，保证了数据库建设的可靠性和建库质量。中大比例尺的重砂测量成果未建库，只是将白山地区的1∶5万重砂资料补充到1∶20万自然重砂数据库中。

1∶20万自然重砂数据库包括图幅基本信息、样品录入数、重砂矿物鉴定结果以及工作年限。

本次全省自然重砂异常图件数据库，在满足成矿预测和项目技术要求的同时，按照自然重砂数据模型规定的标准进行图件分层，统一成图比例尺、成图坐标系统，并依据属性表要求进行了异常线文件和区文件挂接。所有异常图件使用软件GeoMag进行数据模型检查。因此，本次所编制的异常图件符合专业技术要求和专业编图流程，图件数据模型符合规定要求的内容。

按技术要求，每一成果图件内容有：
(1)图件(库)吉林省电子版。
(2)图件投影坐标电子版。
(3)图件编图说明书电子档。
(4)图件元数据(库)文件电子档。

第四章 自然重砂矿物特征与异常解释评价

第一节 区域自然重砂矿物特征及其分布规律

吉林省自然重砂测量工作仅限于水系比较发育的中东部地区，且以东南部山区为主。本次筛选的20种自然重砂矿物，主要是针对吉林省重要的预测矿种而定，自然金、辰砂、白钨矿、锡石、独居石等多种矿物的分布态势是对吉林省金矿、铜矿、铅锌矿等优势矿种进行重砂找矿信息研究的代表性矿物。按照自然重砂管理系统的检测方法，吉林省的重砂矿物主要是以颗粒的分布形式存在。经过对1：20万21图幅的33 919个采样点计算统计，非零矿物报出率达大于50%的矿物只有磷灰石1种（52.2%）。

介于10%～49%之间的矿物有白钨矿（35.1%）、独居石（33.6%）、黄铁矿（30.2%）、磁铁矿（26.2%）、辰砂（22.6%）、辉石（12.3%）、金（11.1%）。

报出率在5%～10%之间的有重晶石（5.0%）、锡石（6.2%）、橄榄石（6.7%）、钍石（7.6%）。

小于5%的矿物有铅族矿物（3.0%）、泡铋矿（2.1%）、铬铁矿（1.1%）、磷钇矿（1.0%）、铜族矿物（0.7%）、毒砂（0.4%）、辉钼矿（0.2%）、萤石（0.1%）、辉锑矿（0.02%）、自然银（0.01%）。

以上统计可知，22种矿物报出率普遍不是很高，这与重砂采样点数、原始样重量的多少、矿物的稳定性以及重砂矿物的确认程度有关。同时矿物报出率的多少可以在某方面反映出矿物的分布特征，例如：较低的报出率可能表明吉林省的重砂矿物是趋于正态分布的；而报出率不足5%的重砂矿物，可以反映出的是其在吉林省具有矿化整体性质。

关于全省重砂矿物的标型特征，经查阅《吉林省重砂异常图说明书》及典型矿床勘查报告资料，可总结出如下主要的标型特征及分布特征。

自然金：化学分子式 Au。以黄色最多，其次为淡黄色、深黄色，强金属光泽。形状以粒状最为常见，其次是片状、板状，磨圆度一般较差，粒径多为0.1～0.5mm，主要分布在吉林省太古宇、古生界二叠系和中生界侏罗系中以及海西期、燕山期侵入岩分布区。

对砂金而言，主要出露在第三系含煤的砂岩、砾岩中。追溯重砂异常水系上游，不但要注意砾岩中的砂金矿，而且也应注意寻找原生金矿。

黄铜矿：化学分子式 $CuFeS_2$。黄色，金属光泽。多为分散粒状，与金伴生，粒径多为0.1～0.5mm，与出露的燕山期石英闪长岩及花岗斑岩关系密切，如通化二密铜矿有较好的铜族矿物重砂异常出现，是铜矿床引起的矿致异常。此外，在海西晚期的基性-超基性岩浆系统中，黄铜矿重砂异常亦有较好的显示，如赤柏松铜镍矿矿致系统的黄铜矿。

辰砂：化学分子式 HgS。以暗红色、鲜红色、朱红色为主，条痕为鲜红色，属金刚光泽。形状以粒状、片状为主，粒径多在0.15～0.6mm之间，异常主要分布在太古宇、中生界侏罗系中和海西期侵入岩分布区。三道沟组的片岩夹斜长角闪岩；色洛河群的中基性-中酸性火山岩、海西期晚期的黑云斜长花岗岩等都有很好的辰砂异常出现，是寻找金矿的有力佐证。

白钨矿：化学分子式 $CaWO_4$。多数为白色、乳白色，少数为浅黄色、黄色，油脂光泽为主，有时为丝绢光泽。以不规则粒状居多，粒径为0.1～0.35mm，主要分布在海西期、燕山期侵入岩发育地区，并且多分布于接触带处。

锡石:化学分子式 SnO_2。有茶褐色、黄褐色、棕褐色等,显示金刚光泽。以不规则粒状和棱角状为主,粒径一般为 0.1~0.3mm,主要分布在各期酸性侵入岩发育区。

钍石:化学分子式 $(Th,U)O_2$。褐色—橙黄色,树脂光泽。多为粒状,粒径为 0.1~0.15mm。与印支期的钾长花岗岩、海西晚期花岗闪长岩及岩体内的石英脉关系密切。

独居石:化学分子式 $(Ce,La,Y,Th)PO_4$ 其标准通式为 $Ce(PO_4)$。米黄色或浅黄色,为蜡状光泽或油脂光泽。柱状、板状,有时粒状,半透明—不透明,粒径一般为 0.3~0.4mm,小者 0.1~0.2mm,大者达 1.5mm。人工重砂鉴定结果表明,海西晚期的黑云斜长花岗岩和花岗伟晶岩以及燕山早期的花岗岩中都有独居石。

方铅矿:化学分子式 PbS。铅灰色常见,金属光泽。不规则粒状,粒径为 0.3~0.5mm,小者为 0.1~0.2mm,大者达 0.5~2mm。异常起因与热液裂隙充填型的多金属矿化有关,为寻找多金属矿提供了线索。

泡铋矿:化学分子式 $Bi(CO_3)(OH)$。黄绿或褐灰色,土状—蜡状光泽。磨圆度差,棱角状或半棱角状,有时呈不规则粒状,粒径一般为 0.05~0.3mm。主要来自海西晚期以及燕山早期的花岗岩。比如分布在五凤-闹枝-棉田的泡铋矿异常,为寻找泡铋矿提供了线索。

毒砂:化学分子式 $FeAsS$。锡白色,金属光泽。不规则粒状、棱角状,粒径一般为 0.1~0.2mm。通化二密铜矿有较好的毒砂异常显示,指示低温矿化环境,具有找矿意义。

其他重砂矿物的标型特征在以往的工作报告中没有查出。

下面以吉林省主要成矿区带和预测工作区为单元,就吉林省自然重砂矿物的分布规律,按矿物种类具体描述如下,见表 4-1-1。

表 4-1-1 吉林省Ⅳ级成矿带和预测工作区一览表

序号	异常区带	Ⅳ级成矿带	预测工作区
1	山门-乐山异常区带	山门-乐山成矿带	山门、放牛沟、兰家、上河湾
2	兰家-上河湾异常区带	兰家-上河湾成矿带	
3	那丹伯-一座营异常区带	那丹伯-一座营成矿带	椅山-胡米、头道沟-吉昌、石嘴-官马、大黑山-锅盔顶子、地局子-倒木河、大荒顶子、马鹿沟、塔东、柳树河-团北林场、上营、福安堡、红旗岭、漂河川、八台岭-孤店子、民主屯、大山咀子、小绥河、头道沟、其塔木、一拉溪、明城、大石河-尔站、西苇
4	山河-榆木桥子异常区带	山河-榆木桥子成矿带	
5	福安堡-塔东异常区带	福安堡-塔东成矿带	
6	红旗岭-漂河川异常区带	红旗岭-漂河川成矿带	
7	铁岭-靖宇异常区带	铁岭-靖宇成矿带	安口镇、香炉碗子-山城镇、石棚沟-石道河子、天合兴-那尔轰、夹皮沟-溜河、海沟、万宝、金城洞-木兰屯、长仁-獐项、金谷山-后底洞、西台子、开山屯、西林河、百里坪、二密-老岭、赤柏松-金斗、大梨树沟-红太平
8	海沟-红太平异常区带	海沟-红太平成矿带	
9	天宝山-开山屯异常区带	天宝山-开山屯成矿带	天宝山、五凤、闹枝-棉田、刺猬沟-九三沟、杜荒岭、小西南岔-杨金沟、农坪-前山、新华村
10	五凤-百草沟异常区带	五凤-百草沟成矿带	
11	新华村-小西南岔异常区带	新华村-小西南岔成矿带	
12	营口-长白异常区带	营口-长白成矿带	金厂镇、正岔-复兴、古马岭、四方山-板石、浑江北、浑江南、荒沟山-南岔、矿洞子-青石镇、大营-万良、冰湖沟、六道沟-八道沟、十六道沟-长白、高台沟

1. 铁族矿物：磁铁矿、黄铁矿、铬铁矿（铬尖晶石）

磁铁矿在吉林省中东部地区分布较广，以放牛沟、吉昌预测工作区、椅山-胡米、塔东、五凤以及闹枝-棉田地区集中分布。磁铁矿的这一分布特征与吉林省航磁 ΔT 等值线相吻合。

黄铁矿主要分布在通化、白山及龙井、图们区域。铬铁矿分布较少，只在香炉碗子-山城镇、刺猬沟-九三沟和金谷山-后底洞范围内展现。

铬铁矿的分级点主要集中汪清县的刺猬沟、珲春市的农坪、板石以及龙井市的智新镇一带，与海西期的中性火山岩和超基性岩体有关。

铬尖晶石分布比较零散，主要集中在万宝-那金成矿带、永吉小绥河南侧、汪清红太平、和龙开山屯、通化赤柏松以及抚松的大营。异常的分布特征与汇水区域内存在的铁铜矿、铬铁矿、铜镍矿以及铁镁质岩体相吻合，具备优良矿致性和指示作用。

2. 有色金属矿物：白钨矿、锡石、铅族矿物、铜族矿物、辰砂、毒砂、泡铋矿、辉钼矿、辉锑矿

白钨矿是吉林省分布较广的重砂矿物，从分级图上看，主要分布在吉林省中东部地区的北东向伊舒断裂带，山河-榆木桥子区域，以及中部的辉发河-古洞河东西向复杂成矿构造带上。即：山门成矿带、山河-榆木桥子成矿带、红旗岭-漂河川成矿带、柳河-那尔轰成矿带、夹皮沟-金城洞成矿带和海沟成矿带上。在辉发河-古洞河成矿构造带的西北端，即：大蒲柴河-天桥岭成矿带、百草沟-复兴成矿带和春化-小西南岔成矿带上，也有较集中的分布。在吉林地区的江密峰镇、天岗镇、天北镇以及白山地区的石人镇、万良镇亦有少量分布。

锡石主要分布在吉林省中东部地区的北部，以福安堡、大荒顶子和柳树河-团北林场最为集中，中部地区的漂河川及刺猬沟-九三沟有零星分布。

铅族矿物作为重砂矿物主要分布在矿洞子-青石镇预测工作区、大营-万良预测工作区和荒沟山-南岔预测工作区，其次是山门预测工作区、天宝山预测工作区和闹枝-棉田预测工作区，而夹皮沟-溜河预测工作区、金厂镇预测工作区有零星分布。

铜族矿物集中分布在二密-老岭沟预测工作区，部分分布在赤柏松-金斗预测工作区、金厂预测工作区和荒沟山-南岔预测工作区；在天宝山预测工作区、五凤预测工作区、闹枝-棉田预测工作区呈零星分布状态。

辰砂在吉林省中东部地区分布较广，山门-乐山成矿带、兰家-八台岭成矿带，那丹伯--座营成矿带、山河-榆木桥子成矿带、上营-蛟河成矿带、红旗岭-漂河川成矿带、柳河-那尔轰成矿带、夹皮沟-金城洞成矿带、海沟成矿带；大蒲柴河-天桥岭成矿带、百草沟-复兴成矿带、春化-小西南岔成矿带以及二密-靖宇成矿带、通化-抚松成矿带、集安-长白成矿带都有较密集的分布，是金矿、银矿、铜矿、铅锌矿评价预测的重要矿物之一。

毒砂、泡铋矿、辉钼矿、辉锑矿在吉林省中东部地区分布稀少，其中，毒砂在二密-老岭沟预测工作区内一小型汇水盆地中出现，刺猬沟-九三沟预测工作区，金谷山-后底洞预测工作区及其北端以零星状态分布。泡铋矿集中分布在五凤预测工作区和刺猬沟-九三沟预测工作区及其外围。辉钼矿以零星点分布在石嘴-官马预测工作区，闹枝-棉田预测工作区和小西南岔-杨金沟预测工作区中。辉锑矿以4个点异常分布在万宝预测工作区中。

3. 贵金属矿物：自然金、自然银

自然金与白钨矿的分布状态相似，以沿着敦密断裂及辉发河-古洞河东西向复杂构造带分布为主，在其两侧亦有较为集中的分布。从分级图上看，整体分布态势可归纳为4部分：一是沿石棚沟—夹皮沟—海沟—金城洞一线呈带状分布,二是在矿洞子—正岔—金厂—二密一带;三是在五凤—闹枝—刺猬沟—杜荒岭—小西南岔一带;四是沿山门—放牛沟到上河湾呈零星状态分布。第一带近东西向横贯吉林省中部区域称为中带,第二带在吉林省南部称为南带,第三带在吉林省东北部延边地区称为北带,第四带在大黑山条垒一线称为西带。

自然银只有2个高值点异常,分布在矿洞子-青石镇预测工作区北侧。

4. 稀土矿物:独居石、钍石、磷钇矿

独居石在吉林省中东部地区分布广泛,以Ⅳ级成矿带划分,分布在①万宝-那金成矿带;②山门-乐山、兰家-八台岭成矿带;③那丹伯-一座营、山河-榆木桥子、上营-蛟河成矿带;④红旗岭-漂河川、柳河-那尔轰、夹皮沟-金城洞、海沟成矿带;⑤大蒲柴河-天桥岭、百草沟-复兴、春化-小西南岔成矿带;⑥二密-靖宇、通化-抚松、集安-长白成矿带,整体呈条带状分布。

钍石分布比较明显,从分级图上看主要集中在3个区域:①五凤、闹枝-棉田预测工作区。②山门-乐山、兰家-八台岭成矿带;③那丹伯-一座营、山河-榆木桥子、上营-蛟河成矿带。

磷钇矿分布较稀少,而且零散,主要有4部分:①福安堡预测工作区和上营预测工作区的西侧;②大荒顶子预测工作区西侧;③漂河川预测工作区北端;④万宝预测工作区。

5. 非金属矿物:磷灰石、重晶石、萤石、橄榄石、辉石

磷灰石在吉林省中东部地区分布最为广泛,主要体现在整个中东部地区的南部。从分级图上看,以香炉碗子—石棚沟—夹皮沟—海沟—金城洞一带集中分布,而且分布面积大,沿复兴屯—金厂—赤柏松—二密一带也分布有较大规模的磷灰石;椅山-胡米预测工作区及外围、火炬丰预测工作区及外围、闹枝-棉田预测工作区有部分分布。其他区域磷灰石以零散状态存在。

重晶石亦主要存在于吉林省东部山区的南部,呈两条带状分布,即古马岭-矿洞子-复兴屯-金厂和板石沟-浑江南-大营-万良。椅山-胡米预测工作区、金城洞-木兰屯预测工作区和金谷山-后底洞预测工作区以零星状分布。

橄榄石、辉石主要分布在北东向敦密断裂上以及反映基性-超基性岩背景的春阳—天桥岭、安图的松江及其北部和抚松一带,在高台沟硼矿区域亦有零星分布。

萤石只在山门预测工作区和五凤预测工作区以零星点形式存在。

以上22种重砂矿物均分布在吉林省中东部地区,其分布特征与不同时代的岩性组合、侵入岩的不同岩石类型都具有一定的内在联系。以往的研究表明:这22种重砂矿物在白垩系、侏罗系、二叠系、寒武系—石炭系、震旦系以及太古宇中都有不同程度的存在。古元古界集安岩群和老岭岩群作为吉林省重要的成矿建造层位,其重砂矿物分布众多,重砂异常发育,与成矿关系密切。燕山期和海西期侵入岩在吉林省中东部地区大面积出露,其重砂矿物如:自然金、白钨矿、辰砂、铅族矿物、重晶石、锡石、铜族矿物、毒砂、磷钇矿、独居石等都有较好展现,而且在人工重砂取样中也达到较高的含量。

第二节 成矿类型的重砂矿物特征

吉林省各种成因类型的典型矿床很多,对与各种典型矿床关系密切的重砂矿物也有较深入的研究,而且应用重砂异常可以达到较显著的找矿效果。总结吉林省各成因类型典型矿床所涉及的主要重砂矿物见表4-2-1。

表 4-2-1 吉林省各成因类型典型矿床与自然重砂关系一览表

矿种	成因类型	典型矿床	有响应的自然重砂矿物	标型矿物
金	陆相火山岩热液型	汪清刺猬沟金矿	自然金、铅族矿物、黄铁矿，有时有白钨矿	自然金、铅族矿物、白钨矿、铜族矿物
		梅河香炉碗子金矿	自然金-铅族矿物-白钨矿-辰砂组合，有时有辉钼矿、泡铋矿、铜族矿物	
		汪清五凤金矿	自然金、铅族矿物，有时有白钨矿	
		汪清闹枝金矿	自然金、铅族矿物、白钨矿	
		汪清五星山金矿	金	
	海相火山岩型	磐石头道川金矿	自然金、铜族矿物、铅族矿物	自然金、铅族矿物、白钨矿
		桦甸二道甸子金矿	自然金、锡石、白钨矿	
		通化金厂沟金矿	自然金、黄铁矿	
	斑岩型	珲春小西南岔金铜矿	自然金、铅族矿物、铜族矿物、黄铁矿、白钨矿	自然金、铅族矿物、白钨矿
		珲春杨金沟金矿	自然金	
	花岗-绿岩型	桦甸夹皮沟金矿	自然金、铅族矿物、铜族矿物、辉铋矿、白钨矿	自然金、铅族矿物、白钨矿、黄铁矿
		桦甸二道岔金矿	自然金、黄铁矿	
		桦甸三道岔金矿	自然金、黄铁矿	
		桦甸六匹叶金矿	自然金、黄铁矿	
		和龙金城洞金矿	自然金、铅族矿物、白钨矿、辰砂，有时出现辉钼矿、泡铋矿、铜族矿物	自然金、铅族矿物、白钨矿、辰砂
	矽卡岩型	长春兰家金矿	自然金	自然金
		集安西岔金银矿	自然金-铅族矿物-重晶石，有时有辰砂、铜族矿物	
		辽源湾月金矿	自然金	
	岩浆热液型	延边海沟金矿	自然金、白钨矿、黄铁矿	自然金、辰砂、白钨矿、铅族矿物
		四平山门金银矿	自然金、白钨矿、辰砂、铅族矿物	
	碎屑-碳酸盐岩型	通化南岔金矿	自然金、铅族矿物	自然金、铅族矿物、重晶石
		集安下活龙金矿	自然金-铅族矿物-重晶石，有时有辰砂、铜族矿物	
		白山荒沟山金矿	自然金-铅族矿物-重晶石，有时有辰砂、铜族矿物	
	第四纪沉积型金矿	珲春河砂金矿	自然金	自然金
		蛟河黄松甸子金矿	自然金	自然金

续表 4-2-1

矿种	成因类型	典型矿床	有响应的自然重砂矿物	标型矿物
铜	斑岩型	通化二密铜矿	铜族矿物、自然金为主，有时有铅族矿物	铜族矿物、自然金
	矽卡岩型	临江六道沟铜矿	铜族矿物、自然金、重晶石	
	海相火山岩型	汪清红太平铜多金属矿	铜族矿物、铅族矿物	铜族矿物、自然金
		磐石石嘴铜矿	铜族矿物	
铅、锌及多金属	矽卡岩型	龙井天宝山铅锌多金属矿床	铅族矿物、自然金、黄铁矿	铅族矿物、自然金
	陆相火山热液型	伊通放牛沟多金属硫铁矿	铅族矿物、黄铁矿、磷灰石	黄铁矿、磷灰石
		集安正岔铅锌矿	自然金-铅族矿物-重晶石组合，有时有辰砂、铜族矿物	自然金、铅族矿物、重晶石
	沉积热液型	白山荒沟山铅锌矿	自然金-铅族矿物-重晶石组合，有时有辰砂、铜族矿物	
钨矿	岩浆热液型	珲春杨金沟钨矿	锡石、白钨矿、自然金	锡石、白钨矿
锑矿	岩浆热液型	临江青沟子锑矿	辉锑矿、辰砂	辉锑矿、辰砂
独居石-稀土	风化壳型	安图东清独居石砂矿	磁铁矿、磷灰石、独居石、磷钇矿	独居石、磷钇矿
银矿	热液充填型	四平山门银矿床	自然金、白钨矿、黄铁矿、(辰砂)	自然金、白钨矿、黄铁矿
		刘家堡子-狼洞沟金银矿床	(自然银)、自然金、白钨矿、黄铁矿、(辰砂)	
	火山岩型	汪清红太平多金属矿床	自然金、白钨矿、黄铁矿、铅族矿物	
	岩浆热液型	和龙百里坪银矿床	自然金、白钨矿、毒砂、(辰砂)	
		抚松西林河银矿床	自然金、白钨矿、黄铁矿、(铅族矿物)	
	岩浆热液改造型	集安西岔金银矿床	自然金、白钨矿、毒砂	
	火山热液型	磐石民主屯银矿床	自然金、白钨矿、黄铁矿	
	构造蚀变岩型	永吉八台岭金银矿床	自然金	自然金
镍矿	基性-超基性岩浆熔离-贯入型	磐石红旗岭铜镍矿床	磁铁矿、橄榄石、辉石	铜族矿物、磁铁矿、橄榄石、辉石
		桦甸漂河川铜镍矿床	铜族矿物	
		和龙长仁铜镍矿床	磁铁矿、橄榄石、辉石	
		通化县赤柏松铜镍矿床	铜族矿物、磁铁矿、辉石	
	沉积变质型	白山杉松岗铜钴矿床	磁铁矿	

续表 4-2-1

矿种	成因类型	典型矿床	有响应的自然重砂矿物	标型矿物
钼矿	斑岩型	永吉大黑山钼矿床	辉钼矿、白钨矿、锡石、铅族矿物、铜族矿物	白钨矿、锡石
		舒兰季德屯钼矿床	白钨矿、锡石	
		龙井天宝山多金属矿床	辉钼矿	
		靖宇天合兴铜钼矿床	白钨矿	
		安图刘生店钼矿床	辉钼矿、白钨矿	
		敦化大石河钼矿床	白钨矿、锡石	
	矽卡岩型	临江铜山铜钼矿床	白钨矿、黄铁矿、石英	白钨矿、黄铁矿
硫铁矿	火山岩型	伊通放牛沟多金属硫铁矿	黄铁矿	黄铁矿
	沉积型	桦甸西台子硫铁矿床	黄铁矿	
	矽卡岩型	永吉头道沟流铁矿床	黄铁矿	
	沉积变质型	临江荒沟山流铁矿床	黄铁矿	
硼矿	沉积变质型	集安市高台沟硼矿床	橄榄石	
萤石	热液充填交代型	永吉县金家屯萤石矿	萤石	萤石
		磐石南梨树萤石矿床	萤石	
		九台县牛头山萤石矿	萤石	

表 4-2-1 中列出的吉林省金典型矿床有 25 个，在这些金典型矿床中，均有自然金异常响应，占 100%。有铅族矿物异常响应的金典型矿床有 12 个，占 48%。有白钨矿异常响应的有 8 个，占 32%。铜族矿物异常响应的有 8 个，占 32%。辰砂异常响应的有 6 个，占 24%。黄铁矿异常响应的有 7 个，占 28%。泡铋矿异常响应的有 2 个，占 8%。统计结果表明，在吉林省金典型矿床中，重砂矿物异常反映比较强烈，而且各种成因类型的标型矿物（组合）可作为直接找矿标志对吉林省金矿进行找矿预测和评价。如：陆相火山岩热液型金矿，其标型矿物是自然金、铅族矿物、白钨矿、铜族矿物；花岗-绿岩型金矿，其标型矿物为自然金、铅族矿物、白钨矿、黄铁矿，结合成矿背景、成矿条件，这些标型矿物异常信息，对寻找金矿可以起到非常重要的作用。

进行典型矿床研究的铜矿床有 10 个，与之关系密切的重砂矿物有铜族矿物、自然金、铅族矿物、重晶石。铜族矿物异常响应的典型矿床有 4 个，占 40%。自然金、铅族矿物异常响应的有 2 个，均占 20%。有重晶石异常响应的只有临江六道沟铜矿，占 10%。吉林省铜矿主要以伴生状态存在，金、辉钼矿是其主要的伴生矿物。因此，铜族矿物、自然金可作为标型矿物用于铜矿的找矿评价。

铅锌典型矿床在吉林省较少，目前只列出 6 个进行重点研究，涉及的主要重砂矿物有铅族矿物、金、黄铁矿、重晶石，有时出现辰砂和铜族矿物。统计得知，6 个铅锌典型矿床中有铅族矿物重砂异常响应的有 4 个，占 66.7%。有金异常响应的有 3 个，占 50%，铜族矿物异常响应的有 2 个，占 33.3%，而黄铁矿、磷灰石、重晶石、辰砂都只在 1 个典型矿床中出现，各占 16.7%。铅族矿物、自然金、铜族矿物作为可信度较高的重砂矿物，其重砂异常分布特征，在铅锌铜多金属找矿过程中将起到重要作用。

钨矿在吉林省形成一定规模的只有珲春杨金沟钨矿，其他以矿点形式存在。珲春杨金沟钨矿出现的主要重砂矿物有金、白钨矿、锡石。从金、白钨矿的重砂异常分布图上看，在杨金沟钨矿所在的小西南岔-杨金沟预测工作区，金、白钨矿分别只有1处异常出现，即11号的Ⅱ级自然金异常和26号的Ⅲ级白钨矿重砂异常。锡石没有圈出异常范围，只有几处含量分级很低的分级点存在。再看与白钨矿紧密伴生的萤石、辉钼矿，在吉林省东部山区也只是以有无图的形式表达其异常的分布，小西南岔-杨金沟预测工作区没有其重砂异常显示。因此，应用重砂异常对杨金沟钨矿进行评价和找矿预测的作用是有限的，应在今后的工作中加强金、白钨矿、锡石的重砂采样和研究工作，以便为该区重砂找矿提供依据。

锑矿有2处典型矿床值得重视，即：临江青沟子锑矿和石嘴官马锑矿。分级图显示，代表锑矿的最主要自然重砂辉锑矿，在吉林省只有4个点异常，均出现在万宝镇区域，异常表达方式是有无图。而在临江青沟子锑矿和石嘴官马锑矿则没有辉锑矿异常显示。与辉锑矿紧密共生的辰砂矿物，在青沟子锑矿中异常显示很弱。虽然在石嘴官马锑矿中，辰砂矿物异常展示较好，但空间上与官马锑矿响应程度有限。因此，在找矿预测中缺少可利用的重砂异常对锑矿进行必要的评价。

稀土矿产只在吉林省的安图东清有1处中小型的独居石砂矿，出现的重砂矿物主要为独居石、磷钇矿、磁铁矿、磷灰石。与预测独居石砂矿关系密切的重砂矿物独居石和磷钇矿在吉林省分布广泛，而且矿物含量分级较高。在桦甸的二道甸子、延吉的天宝山和柳树河子都有较好的独居石、磷钇矿重砂异常分布，是寻找独居石砂矿的有望地段。

银典型矿床有8个，这些银典型矿床中，均有自然金异常响应，占100%；有白钨矿异常反映的有7个，占87.5%；有黄铁矿异常反映的有6个，占75%；有辰砂异常反映的有3个，占37.5%；有铅族矿物、毒砂响应的各有2个，占25%；有自然银响应的有1个，占12.5%。

统计结果表明，银典型矿床中自然金异常再现性好，可成为预测银矿的主要重砂矿物。其次是白钨矿、黄铁矿，对热液成因的银矿亦有一定的指示作用。

钼典型矿床有7个，其中，白钨矿在6个矿床中存在异常，占85.7%的权重；辉钼矿、锡石在3个典型矿床中都存在异常，占42.9%；铅族矿物、铜族矿物只在大黑山钼矿中有异常，各占14.3%；黄铁矿只在1个矿床中有较好的异常反映，占14.3%。由此可知在辉钼矿所占权重不大的情况下，与辉钼矿紧密共生的白钨矿可以起到预测钼矿的作用。

镍典型矿床5个，磁铁矿均有异常显示，占100%；铜族矿物、辉石在4个矿床中有异常反映，占80%；橄榄石在3个矿床中有反映，占60%。故磁铁矿、铜族矿物对预测硫化物铜镍矿有重要指示意义。而橄榄石、辉石异常对指示基性-超基性岩体可起到一定作用。

硫铁矿典型矿床有4个，标型重砂矿物为黄铁矿，是评价预测硫铁矿的主要指示矿物。

铬铁矿、硼矿、萤石在典型矿床所在区域内没有主要标型矿物异常，选择橄榄石、辉石分别用于反映矿致系统的成矿地质背景。

自然重砂矿物属于矿源区物质的重要组成部分，反映了矿源区物质系统属性的演变过程。由于重砂矿物的物质组成超出了39个元素所能揭示的矿化信息，所以，其矿物属性对化探找矿作用也会突出显现。作为元素的某种存在形式，重砂矿物不仅可作为成矿类型的直接找矿标志，而且对成矿地质环境和基础地质研究也有重要指示作用。

第三节 自然重砂异常特征

针对要预测的矿种，吉林省共选择了22种自然重砂矿物进行研究。根据异常划分原则，单矿物共圈出重砂异常696个。具体见表4-3-1。

表 4-3-1 吉林省重砂矿物异常分级表

矿物名称	异常级别数/个			异常总数/个
	Ⅰ级	Ⅱ级	Ⅲ级	
白钨矿	14	21	44	79
辰 砂	10	29	8	47
磁铁矿	10	25	8	43
毒 砂	3	4	5	12
独居石	16	12	16	44
方铅矿	5	14	8	27
铬铁矿	1	1	7	9
黄铁矿	31	26	22	79
黄铜矿	5	1	5	11
辉钼矿	1	8	4	13
自然金	12	31	10	53
磷灰石	39	28	18	85
磷钇矿	7	1	27	35
泡铋矿	10	5	10	25
钍 石	1	8	7	16
锡 石	3	16	4	23
重晶石	32	12	4	48
橄榄石		3	7	10
辉 石		4	25	29
自然银	1			1
辉锑矿	2			2
萤 石	5			5
总 计	208	249	239	696

现以预测矿种组为单元分别解释如下。

1. 金矿、银矿

自然金 17 号Ⅰ级异常落位在山门找矿远景区，属于山门-乐山Ⅳ级成矿带。异常面积 24.39km²，北东向延伸，不规则状，含量分级较低。空间上该异常对山门金银矿积极支撑，矿致特征明显，是主要的找矿指标。空间上，自然金、铅族矿物、白钨矿、辰砂套合较好，构成矿物组合复杂、规模较大（面积为 103km²）的 33 号甲级重砂综合异常，直接反映了以奥陶纪黄莺屯组含碳变质粉砂质、泥质、钙质板岩、大理岩为赋矿层位，燕山期中酸性侵入岩为主要控矿岩体，以及北东向断裂构造裂隙容矿的山门金银成矿岩浆系统，是预测岩浆热液型金银矿的重要找矿区域。其重砂异常特征见表 4-3-2，图 4-3-1。

表中显示,铅族矿物权重为53.78%,对金银成矿系统贡献较大,自然金异常亦十分发育,均是重砂异常区内金银找矿的重要标志,其次为白钨矿、辰砂。同时,重砂矿物组合特征指示矿致系统经历了高—中—低温复杂的过程。

表4-3-2　山门成矿带33号综合异常重砂矿物异常特征

矿物	异常下限/粒	最大值/粒	最小值/粒	异常均值/粒	异常点数/个	异常面积/km²	平均衬值	规模	相对规模
自然金	1	6.8	1	3.90	8	24.39	3.90	95.12	10.53%
白钨矿	64	145	23	65.76	46	111.58	1.02	114.65	12.70%
铅族矿物	1	40	1	14.88	11	32.62	14.88	485.44	53.78%
辰砂	12	64.5	12	34.78	11	65.62	3.16	207.35	22.97%

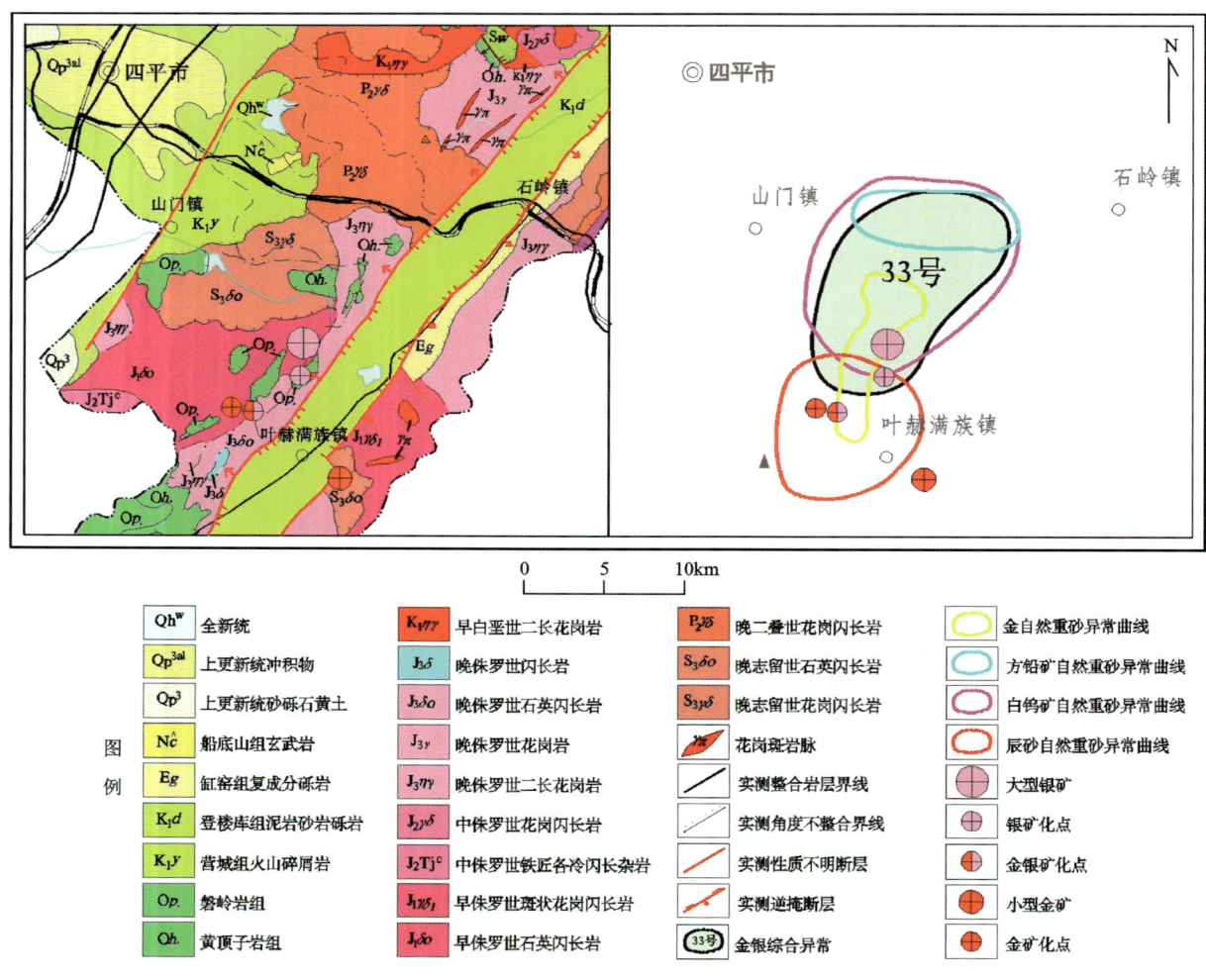

图4-3-1　山门成矿带33号综合异常模式图

自然金11号Ⅰ级异常落位在小西南岔-农坪找矿远景区,属新华村-小西南岔Ⅳ级成矿带。异常面积65km²,东西向延伸,不规则状,含量分级较低。该异常与黄松甸子砂金矿积极响应,是优良的成矿异常。由自然金-白钨矿-黄铁矿构成的16号重砂综合异常,以古近系土门子组各粒级砂岩、砾岩为主要地质背景(含金层位是底部粗粒级岩层),面积88.9km²。其中自然金异常规模最大,所占据的权重为

73.50%,是成矿主体;其次是黄铁矿(权重为 19.18%),成为寻找金(铜)矿的重要找矿标志。其重砂异常特征见表 4-3-3。

表 4-3-3 小西南岔-农坪成矿带 16 号综合异常重砂矿物异常特征

矿物	异常下限/粒	最大值/粒	最小值/粒	异常均值/粒	异常点数/个	异常面积/km²	平均衬值	规模	相对规模
自然金	1	43	1	9.64	16	65.42	9.64	630.65	73.50%
白钨矿	64	145	23	70.75	12	20.41	3.08	62.78	7.32%
黄铁矿	28	875	28	451.5	2	10.21	16.13	164.59	19.18%

自然金 18 号 II 级异常落位在小西南岔-农坪找矿远景区,属于新华村-小西南岔 IV 级成矿带。异常面积 191 km²,等轴状分布,含量分级较高。该异常与珲春河等砂金矿点积极响应,是优良的成矿异常。其综合异常由铜族矿物、自然金、白钨矿构成,反映珲春河等砂金成矿系统,是评价砂金矿的主要异常区。

自然金 19 号 I 级异常落位在桦甸夹皮沟找矿远景区,属于铁岭-靖宇(次级隆起) IV 级成矿带。面积 194 km²,北东向带状分布,含量分级较高(4 级—5 级)。有夹皮沟金矿田响应,是优良的成矿重砂异常,找矿指示作用明显。

40 号甲级综合异常由自然金、白钨矿、黄铁矿、独居石、铅族矿物、铜族矿物、泡铋矿等重砂异常构成,面积 177.95 km²,近椭圆形,异常轴向北西。反映了以太古宙花岗绿岩为主要含矿层位以及北东向韧性剪切为构造控矿的夹皮沟金矿田系统。其中自然金、白钨矿、独居石、黄铁矿重砂异常最为发育。比如自然金占据的权重为 35.73%,是成矿的主体。黄铁矿化对找矿有重要指示作用,是找矿重要标志之一;白钨矿、独居石重砂异常的发育显示此处岩浆侵入活动非常频繁,说明成矿的复杂过程。见表 4-3- 4,图 4-3-2。

表 4-3-4 夹皮沟成矿带 40 号综合异常重砂矿物异常特征

矿物	异常下限/粒	最大值/粒	最小值/粒	异常均值/粒	异常点数/个	异常面积/km²	平均衬值	规模	相对规模
自然金	1	43	1	10.53	43	194.14	10.53	2 046.15	35.73%
白钨矿	64	350	23	81.34	76	261.15	1.27	331.9	5.8%
独居石	80	2090	80	387.4	82	655.25	4.84	3 173.27	55.4%
黄铁矿	28	110	28	62.17	12	79.32	2.22	173.11	3.1%

自然金 21 号 II 级异常落位在夹皮沟的西南侧,属于夹皮沟金矿田系统的尾翼。异常面积 82 km²,南北向展布,不规则形状,矿物含量级别较低,有多处金矿点响应,是优良的矿致异常。成矿仍与太古宙花岗绿岩及北东向韧性剪切有关。其综合异常由自然金、白钨矿、黄铁矿、独居石重砂异常构成,是外围找金的重要异常区。

自然金 26 号 II 级异常主要落位在海沟找矿远景区,属于海沟-红太平 IV 级成矿带的南缘;其南侧为两江-金城洞成矿带。面积 40 km²,不规则状分布,含量分级较低。异常边缘有海沟金矿、西林河金矿、银矿响应,具有矿致特征。54 号综合异常由自然金、辰砂、白钨矿、黄铁矿重砂异常构成,面积 95 km²,以太古宙花岗绿岩地体与古元古界老岭岩群珍珠门岩组大理岩,以及中元古界色洛河群红光屯组和木兰屯组的变质岩系为主要地质背景,北东向和北西向断裂交会处是成矿有利部位,燕山期的侵入岩浆活动强烈。其重砂矿物异常特征见表 4-3-5。

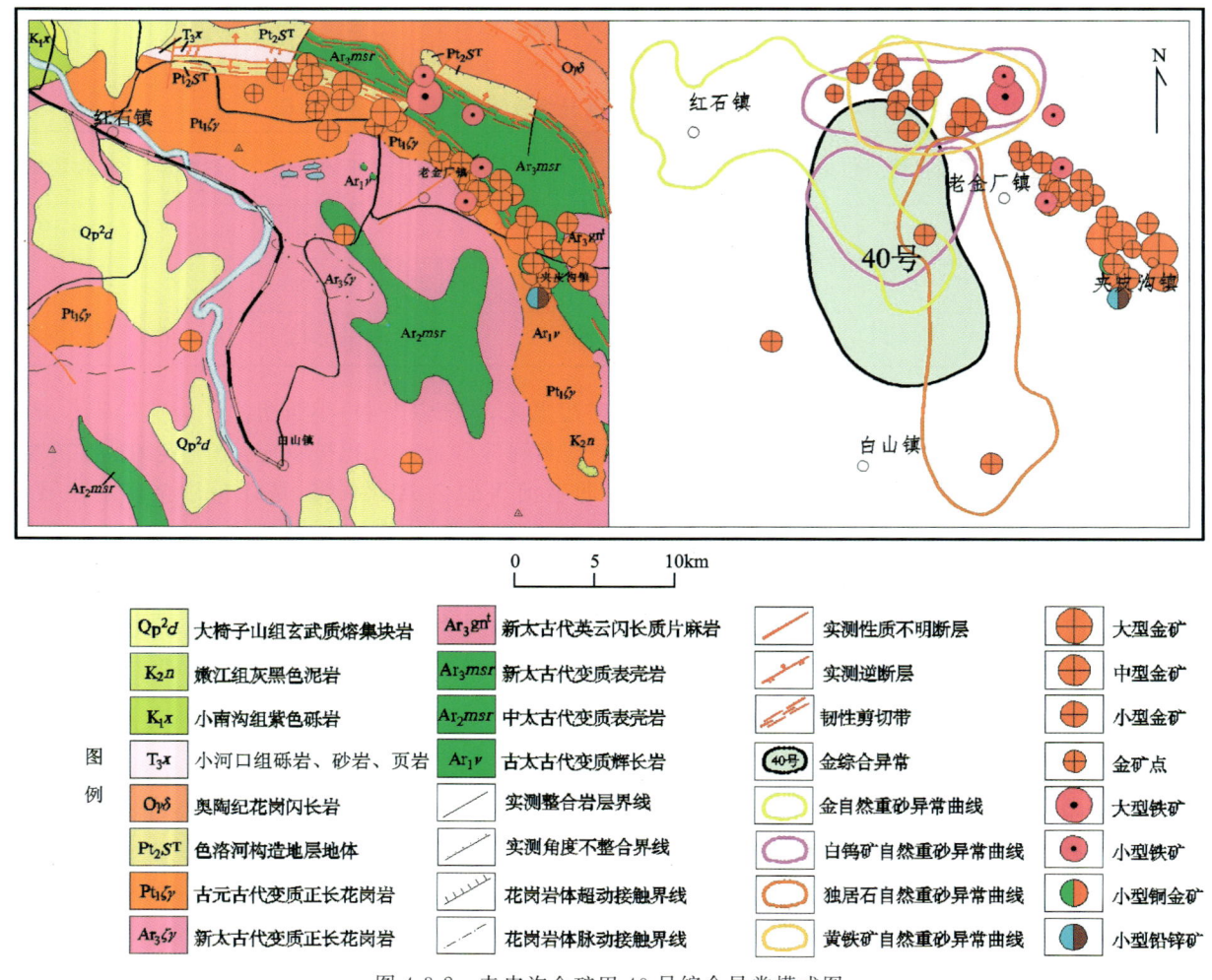

图 4-3-2 夹皮沟金矿田 40 号综合异常模式图

表 4-3-5 海沟金矿 54 号综合异常重砂矿物异常特征

矿物	异常下限/粒	最大值/粒	最小值/粒	异常均值/粒	异常点数/个	异常面积/km²	平均衬值	规模	相对规模
自然金	1	6.8	1	3.9	20	35.40	3.9	138.06	2.06%
白钨矿	64	350	23	102.92	24	94.24	1.61	151.55	2.26%
重晶石	21	95	1	84.43	7	8.17	4.02	32.85	0.5%
独居石	80	2090	80	485.9	172	986.59	6.07	5 992.1	89.5%
黄铁矿	28	875	1	120.76	17	88.95	4.31	383.37	5.7%

表中自然金的相对规模(2.06%)较小,表明海沟预测区金的重砂异常表现有限。由于海沟金矿是大型金矿,因此推断海沟金矿处于剥蚀初期,应注意深部找矿。独居石相对规模较大(89.5%),显示岩浆侵入活动的频繁,具有成矿的可能,应予以重视;白钨矿、重晶石和黄铁矿是中—高温热液型金矿的重砂找矿标志。

自然金 27 号 Ⅰ 级异常落位在夹皮沟东南部的六匹叶区域,属于夹皮沟金矿系统的一部分。异常面积 146km²,北东向展布,不规则形状,矿物含量级别较高,有六匹叶金矿响应,是优良的成矿异常。其综合异常由自然金、白钨矿、黄铁矿、独居石重砂异常构成,面积78km²,等轴状,是寻找夹皮沟式金矿的重要区域。

自然金29号Ⅱ级异常处于铁岭-靖宇(次级隆起)Ⅳ级成矿带上。异常面积117km²,含量分级较低,有两江湾沟金矿点响应,具矿致特征。成矿与元古宇色洛河群变质岩建造有关;北东向断裂、裂隙带是控矿有利部位。圈定的综合异常(56号)为寻找海沟式金矿提供了重砂依据。

自然金30号Ⅱ级异常处于铁岭-靖宇(次级隆起)Ⅳ级成矿带上。异常面积221km²,含量分级较高,有金城洞金矿、二道河砂金矿、城子沟金矿点响应,具矿致特征。控矿因素与夹皮沟金矿田相近。55号和59号重砂综合异常由自然金、重晶石、辰砂、黄铁矿、白钨矿重砂异常构成,面积分别为62km²、94km²,近椭圆状轴状,是寻找夹皮沟式金矿的重要区域。其异常特征见表4-3-6。

表4-3-6　金城洞金矿55号、59号综合异常重砂矿物异常特征

矿物	异常下限/粒	最大值/粒	最小值/粒	异常均值/粒	异常点数/个	异常面积/km²	平均衬值	规模	相对规模
自然金	1	43	1	8.97	52	221.74	8.97	1 987.98	56.95%
重晶石	21	250	1	153	8	13.37	7.29	97.49	2.79%
辰砂	12	64.5	1	34.2	3	15.96	2.85	45.44	1.30%
黄铁矿	28	875	28	187	55	179.94	6.69	1 203.38	34.47%
白钨矿	64	350	23	154	9	65	2.41	156.41	4.48%

表中自然金权重最大(相对规模56.95%),是主要成矿矿物;黄铁矿可作为寻找金矿的重要指示矿物,重晶石、辰砂、白钨矿指示金成矿经历高—中—低温过程。

自然金28号、53号Ⅱ级异常落位在辉南-抚民找矿远景区,属于铁岭-靖宇(次级隆起)Ⅳ级成矿带。异常面积分别为192km²和43km²,矿物含量级别较高,有石棚沟衫松金矿和辉南西顺堡金矿响应,矿致性质显著。

自然金10号、12号、42号、43号、44号、45号Ⅰ级异常落位在五凤-百草沟Ⅳ级成矿带上。面积分别为85km²、91km²、117km²、80km²、255km²、153km²,矿物含量级别高,有龙井五星金矿、汪青闹枝金矿、刺猬沟金矿以及头道沟金矿响应,是成矿异常。北东向整体反映以中生界火山岩建造和火山盆地边缘、破火山口放射状、环状裂隙控矿为主要地质背景的金矿成矿岩浆系统。由自然金、辰砂、铜族矿物、白钨矿、重晶石、独居石、毒砂、泡铋矿等重砂异常构成的甲级综合异常(15号、18号、30号)是评价火山岩型金矿的主要场所。其重砂异常特征见表4-3-7～表4-3-9。

表4-3-7　刺猬沟金矿15号综合异常重砂矿物异常特征

矿物	异常下限/粒	最大值/粒	最小值/粒	异常均值/粒	异常点数/个	异常面积/km²	平均衬值	规模	相对规模
自然金	1	43	1	11.75	153	178.88	11.75	2 101.84	27.87%
辰砂	12	45	1	16.91	22	79.41	1.41	111.90	1.5.0%
毒砂	1	22	1	13	5	14.36	13	186.68	2.50%
泡铋矿	5	53	1	21.5	98	308.34	4.3	1 325.23	35.57%
白钨矿	64	350	23	143.1	132	530.98	2.24	1 137.35	17.57%
黄铁矿	28	875	28	221.5	136	332.5	7.91	2 629.88	34.87%

表4-3-7中显示,金是成矿的主体;泡铋矿、白钨矿的高贡献表明岩浆活动频繁,且金成矿以高、中温阶段为主;辰砂、毒砂异常显示成矿后期的低温叠加作用;黄铁矿化是金矿的重要找矿标志。

表 4-3-8　闹枝金矿 18 号综合异常重砂矿物异常特征

矿物	异常下限/粒	最大值/粒	最小值/粒	异常均值/粒	异常点数/个	异常面积/km²	平均衬值	规模	相对规模
自然金	1	43	1	14.26	106	335.7	14.26	4 785.95	61.01%
辰砂	12	45	1	12.48	21	96.07	1.04	99.88	1.3%
黄铜矿	1	20	1	15	3	33.99	15	509.85	6.50%
泡铋矿	5	53	1	21	98	104.56	4.2	439.15	5.6%
白钨矿	64	350	23	129.5	132	201.21	2.02	407.2	5.2%
黄铁矿	28	875	28	232.9	72	192.59	8.32	1 601.67	20.42%

表 4-3-8 中显示,该综合异常中,自然金的相对规模最大,应以寻找金矿为主,其次为铜矿。黄铁矿化是异常区内的重要找矿标志。白钨矿、泡铋矿重砂异常的发育表明金、铜成矿应以高—中温阶段为主要成矿期。

表 4-3-9　五凤金矿 30 号综合异常重砂矿物异常特征

矿物	异常下限/粒	最大值/粒	最小值/粒	异常均值/粒	异常点数/个	异常面积/km²	平均衬值	规模	相对规模
自然金	1	43	1	13.91	43	117.96	13.91	1 640.82	43.23%
白钨矿	64	350	23	102.8	29	74.40	1.61	119.78	3.16%
辰砂	12	64.5	1	23.54	66	201.42	1.96	394.78	10.40%
泡铋矿	5	53	1	19.63	52	197.54	3.93	776.33	20.45%
独居石	80	2090	80	419.4	43	164.83	5.24	863.71	22.76%

由表 4-3-9 可知,五凤金矿床中自然金所占的权重最重,对五凤金矿成矿系统贡献也最大。因此,30 号综合异常应以寻找金矿为主。此外独居石和辰砂也占有较大权重,值得重视。白钨矿、泡铋矿重砂异常指示成矿的中—高温环境。

自然金 38 号 Ⅰ 级异常落位在通化金厂-复兴找矿远景区,属于营口-长白(次级隆起、Pt_1 裂谷)成矿带。面积 72km²,不规则状,矿物含量级别较高,有金厂沟金矿及多处金矿点响应,是优良的成矿异常。其综合异常由自然金、铜族矿物、铅族矿物、重晶石等重砂异常构成,面积 149km²,反映以集安岩群变质岩建造为主要地质背景的金矿系统,为寻找热液改造型金矿提供重要场所。

自然金 39 号 Ⅱ 级异常处于正岔-复兴找矿远景区,属于营口-长白(次级隆起、Pt_1 裂谷)Ⅳ 级成矿带。面积分别为 99km²,近椭圆状,含量分级较高,有西岔金银矿、西岔金矿响应,矿致特征明显,是评价金矿、伴生银矿的主要标志。综合异常由自然金、重晶石、铅族矿物、黄铁矿、辰砂等重砂异常构成,面积为 110.58km²,其中黄铁矿所占权重最大(67.29%),其矿化特征是该异常区内金银矿的重要找矿标志;重晶石与黄铁矿共生存在于热液成因的金银矿物脉中,显示构造裂隙极其发育;而重晶石、辰砂则共同显示该异常区金银矿致系统应以中—低温矿化阶段为主。

2. 铜矿、铅锌矿

铜族矿物 1 号 Ⅱ 级异常落位在五凤-百草沟Ⅳ级成矿带上。异常面积 33km²,有汪清吉青岭金矿点响应,具矿致性质,是金矿岩浆系统的主要伴生矿物,为评价金矿提供佐证。

铜族矿物 2 号 Ⅰ 级异常落位在磐石的头道-官马找矿远景区,属于山河-榆木桥子Ⅳ级成矿带。铜矿系统以石嘴子组大理岩、板岩、变质砂岩、千枚岩夹喷气岩以及明城-石嘴子向斜为主要地质背景。异常面积25km², 北西向延伸，不规则状态，矿物含量分级较高。空间上该异常对石嘴铜矿、烟筒山粗榆金矿点积极支撑，矿致特征明显。25号综合异常面积94km²，评定为甲级。代表重砂矿物为铜族矿物、自然金、辰砂、毒砂、白钨矿、黄铁矿。其中黄铁矿、辰砂、铜族矿物的异常规模较大，权重较高。其次是毒砂、白钨矿、自然金。表明铜族矿物、自然金作为主要成矿矿物，是直接找矿指标，但由于其异常面积不大，显示有限的成矿规模。黄铁矿、辰砂、毒砂、白钨矿作为重要的伴生矿物，指示矿致系高中—低—温的矿化过程，为区内金、铜找矿预测提供有利的重砂信息。见表4-3-10。

表4-3-10　石嘴铜矿25号综合异常重砂矿物异常特征

矿物	异常下限/粒	最大值/粒	最小值/粒	异常均值/粒	异常点数/个	异常面积/km²	平均衬值	规模	相对规模
自然金	1	16	1	1.83	18	88.17	1.83	161.35	3.60%
黄铜矿	1	50	1	27.5	2	25.18	27.5	692.45	15.46%
白钨矿	64	145	23	90.12	25	199.85	1.41	281.41	6.28%
辰砂	12	64.5	12	52.31	49	310.18	4.36	1 351.6	30.18%
毒砂	1	50	1	14.00	7	17.58	14	246.12	5.50%
黄铁矿	28	348	28	148	25	330.00	5.29	1745	38.97%

铜族矿物3号Ⅰ级异常落位在龙井天宝山-开山屯找矿远景区，属于天宝山-于山屯Ⅳ级成矿带。异常面积52km²，北西向延伸，长条状，矿物含量分级较低。37号综合异常由铅族矿物、铜族矿物、白钨矿、泡铋矿、独居石等重砂异常构成。其中的铅族矿物1号异常面积29km²，空间上与铜族矿物紧密套合，为天宝山铜铅锌多金属矿致系统的主要组分。控矿因素为石炭系(天宝山岩块)与二叠系(红叶桥组)砂板岩、灰岩、中酸性火山岩建造；印支期—海西期花岗闪长岩、英安斑岩、石英闪长岩等为矿床提供了物质、热能；正交、斜交断裂交会处控制矿体的空间分布；燕山期花岗斑岩(多为脉状)与碳酸盐岩地层形成矽卡岩型热液脉状多金属矿化。其异常特征见表4-3-11。

表4-3-11　天宝山多金属矿37号综合异常重砂矿物异常特征

矿物	异常下限/粒	最大值/粒	最小值/粒	异常均值/粒	异常点数/个	异常面积/km²	平均衬值	规模	相对规模
铅族矿物	1	80	1	30.67	3	28.88	30.67	640.39	13.57%
铜族矿物	1	130	1	62.86	7	51.56	62.86	3 241.06	68.70%
白钨矿	64	145	23	78.73	22	83.92	1.23	103.22	2.19%
辰砂	12	64.5	1	20.00	19	1.67	35.30	58.83	1.25%
独居石	80	2090	80	254.3	45	113.00	3.18	359.18	7.61%
泡铋矿	5	53	1	19.8	30	79.63	3.95	314.80	6.68%

表中显示，铜族矿物、铅族矿物的相对规模较大，表明该综合异常应以寻找铜、铅锌多金属矿为重点。泡铋矿、白钨矿、辰砂、独居石均与岩浆热液活动关系密切，指示矿致系统的复杂程度，对分析成矿地质背景、条件以及寻找热液型、矽卡岩矿产起到积极指示作用。

铜族矿物9号Ⅰ级异常落位在通化的二密-赤柏松找矿远景区，属于铁岭-靖宇Ⅳ级成矿带。控矿因素为呈岩株产出的燕山晚期的石英闪长岩、花岗斑岩控矿岩体以及东西向、北东向的陡倾斜断裂构造裂隙系统。圈定的异常面积141km²，呈面状分布，含量分级较高，达到4—5级。直接反映了二密铜矿的成矿岩浆系统，是评价二密式斑岩型铜矿的主要指标。其69号综合异常由铜族矿物、自然金、毒砂、重晶石、铅族矿物等重砂异常组成，面积为120.64km²。该综合异常内分布二密铜矿和金厂沟金矿以及众多金矿点，表明岩浆矿致系统中重砂矿物异常具有多源性质，可为指示评价铜矿、金矿提供有力佐证。见表4-3-12，图4-3-3。

表4-3-12 二密铜矿69号综合异常重砂矿物异常特征

矿物	异常下限/粒	最大值/粒	最小值/粒	异常均值/粒	异常点数/个	异常面积/km²	平均衬值	规模	相对规模
铜族矿物	1	120	1	31.67	30	140.88	31.67	4 461.2	52.8%
自然金	1	28	1	8.97	14	45.15	8.97	405.06	4.8%
毒砂	1	60	1	19.92	37	93.13	19.92	1855	22%
重晶石	21	650	21	118	41	263.14	5.62	1 478.9	17.5%
铅族矿物	1	19	9.3	14.15	5	17.64	14.15	249.61	3%

表中显示，铜族矿物相对规模最大，在二密铜矿岩浆系统中应占据主导地位，是成矿主体；自然金和铅族矿物作为矿致系统主要伴生矿物对铜找矿预测有重要的间接指示作用；重晶石指示岩浆热事件的发生，毒砂表示成矿温度以中—低温阶段为主。

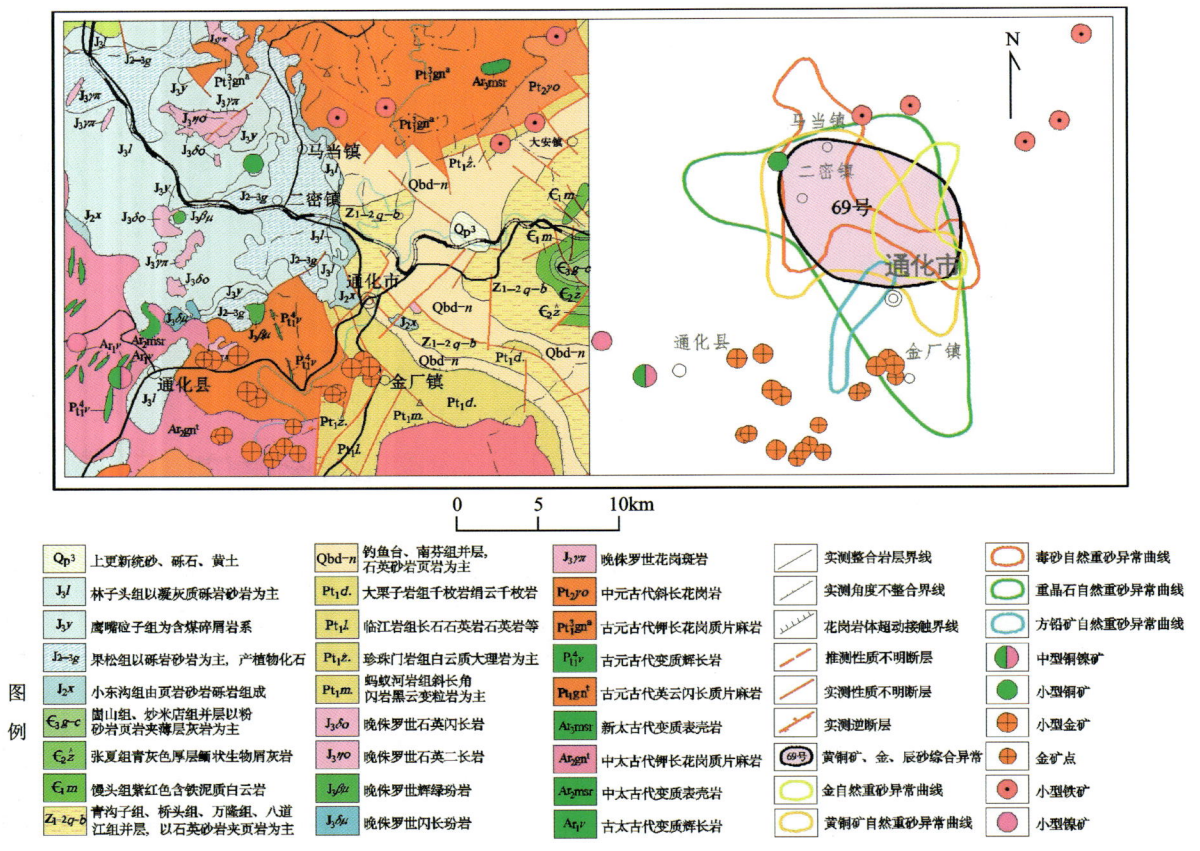

图4-3-3 二密-老岭沟预测工作区69号综合异常模式图

铜族矿物 10 号 I 级异常落位在通化的二密-赤柏松找矿远景区,属于铁岭-靖宇 IV 级成矿带。控矿因素为元古宙早期的基性-超基性岩体,岩石类型为辉绿辉长岩-橄榄苏长辉长岩-二辉橄榄岩细粒苏长岩,含矿辉长玢岩以及本溪-浑江超岩石圈断裂(导矿构造)。圈定的异常面积为 92km², 不规则状分布,含量分级较高,达到 4—5 级。直接反映了赤柏松铜镍矿的成矿岩浆系统,是评价赤柏松式铜镍矿的主要标志。重砂综合异常由铜族矿物、磁铁矿、辉石、黄铁矿、辰砂、重晶石等异常构成。其中铜族矿物异常具有直接找矿指示作用,而主要伴生物磁铁矿、黄铁矿在赤柏松铜镍矿控制的汇水区域里均有较明显的重砂异常分布,对赤柏松铜镍矿积极支持,间接指示作用明显。辉石在一定程度上表征基性-超基性的控矿岩体。辰砂、重晶石在空间上与铜镍矿亦存在一定的响应关系。研究表明,辰砂中的 Hg 具有较强的亲硫性,主要来源于深部岩浆,而且在碱性介质中利于铁族矿石及金属硫化物的沉淀。重晶石主要为热液成因,多与硫化物共生。据此认为辰砂和重晶石异常对解译此处的铜镍成矿地质环境有重要指示意义。

铅族矿物 6 号、8 号 I 级异常落位在九三沟-杜荒岭找矿远景区,属于新华村-小西南岔 IV 级成矿带。面积分别为 7km²、27km², 不规则状态,矿物含量分级较高。其中,铅族矿物 6 号异常与汪清吉青岭金矿有关,是主要的伴生指示矿物;铅族矿物 8 号异常表征的成矿系统有闹枝金矿及棉田铅锌矿点,显示明显的矿致特征,可为评价金矿、铅锌矿提供重要的重砂依据。空间上铅族矿物异常与自然金异常套合紧密,在辰砂、铜族矿物、泡铋矿、白钨矿、黄铁矿重砂异常叠加的条件下构成矿致综合异常。该综合异常中,自然金异常规模最大(权重:61.01%),其次为铜族矿物(权重:6.50%)。黄铁矿化、白钨矿、泡铋矿重砂异常的发育指示高、中温成矿环境。控矿地质背景表现为屯田营组安山岩、次安山岩组合控矿以及提供良好通道的闹枝北西向线性火山机构。

铅族矿物 13 号 I 级异常落位在抚松铅锌找矿远景区,属于营口-长白(次级隆起、Pt_1 裂谷)IV 级成矿带。面积为 30km², 椭圆状态,矿物含量分级较高。有大营铅锌矿响应,是矿致异常,为直接找矿指示标志。综合异常由铅族矿物、自然金、白钨矿、辰砂、重晶石异常构成,以寒武纪灰岩,燕山期花岗岩类及北东向主断裂为主要控矿因素,反映层控特征的大营铅锌矿矿致岩浆系统。

铅族矿物 23 号 I 级异常落位在南岔-荒沟山铅锌找矿远景区,属于营口-长白(次级隆起、Pt_1 裂谷)IV 级成矿带。面积为 57km², 不规则状态,矿物含量分级较高,有郭家岭铅锌矿和矿洞子铅锌矿响应,是矿致异常。

76 号综合异常由铅族矿物、自然金、黄铁矿、重晶石、辉钼矿重砂异常构成,面积 150km², 是评价铅锌矿的重要异常场。该综合异常以奥陶系冶里组灰岩,燕山期黑云母花岗岩体及脉岩,郭家岭-矿洞子向斜东翼为主要控矿因素,反映的是具有层控特征的铅锌成矿岩浆系统。矿致系统内铅族矿物的权重为 30.78%, 在该综合异常区内占有重要位置,表明应以寻找铅锌矿为主。其次为自然金(权重:9.5%)。黄铁矿化可作为寻找铅锌矿、金矿的重要找矿标志,重晶石、辉钼矿的出现预示铅锌成矿与酸性岩浆有关,并以高—中温阶段为主,见表 4-3-13,图 4-3-4。

表 4-3-13 矿洞子铅锌矿 76 号综合异常重砂矿物异常特征

矿物	异常下限/粒	最大值/粒	最小值/粒	异常均值/粒	异常点数/个	异常面积/km²	平均衬值	规模	相对规模
铅族矿物	1	80	1	16.57	14	100.97	16.57	1 673.22	30.78%
自然金	1	16	1	7.82	9	65.71	7.82	513.99	9.5%
黄铁矿	28	875	28	379.6	14	155.02	13.56	2 101.5	38.7%
重晶石	21	650	21	238.3	14	78.77	11.35	893.9	16.5%
辉钼矿	1	4	1	2.67	3	94.89	2.67	253.04	4.66%

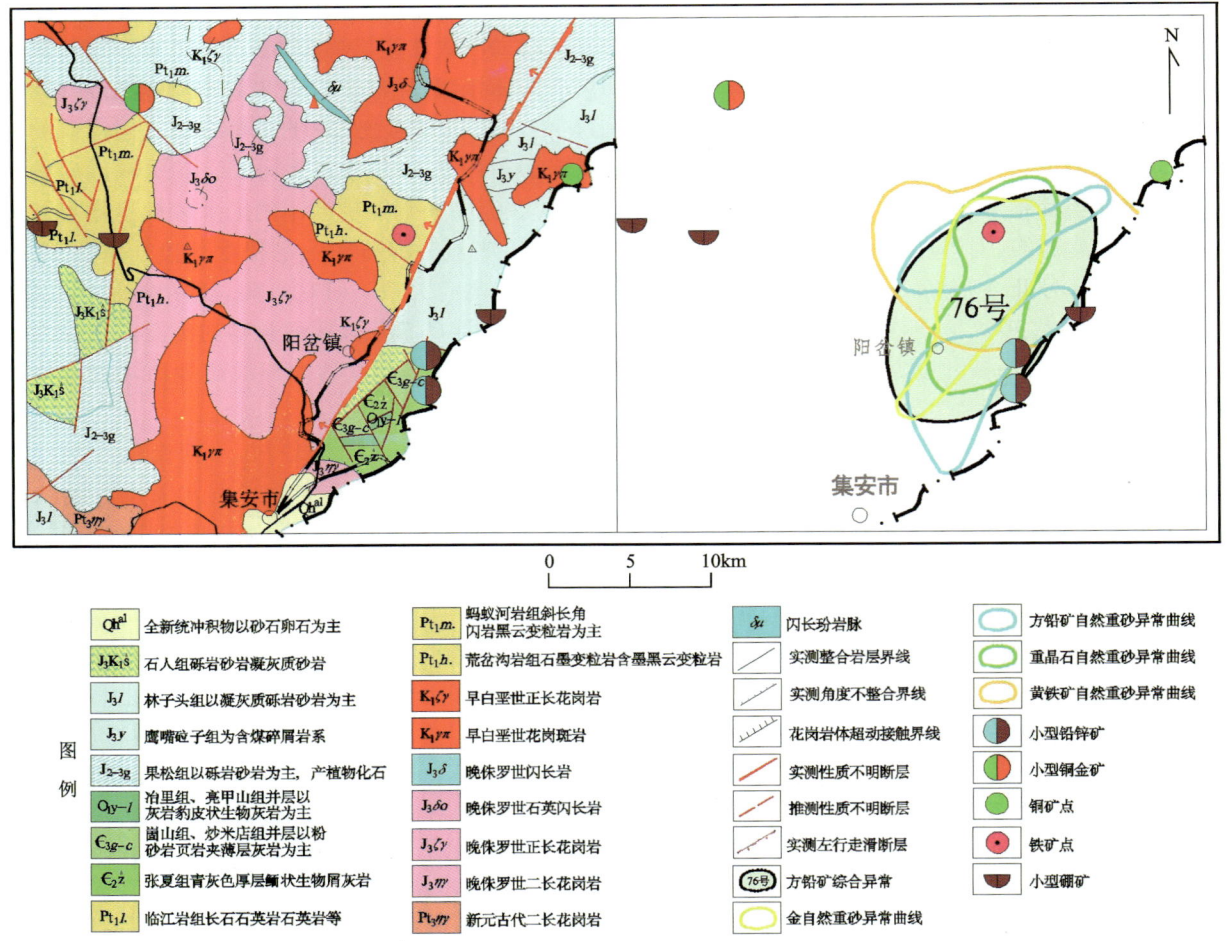

图 4-3-4 矿洞子-青石镇 76 号重砂综合异常模式图

铅族矿物 25 号 Ⅱ 级异常落位在山门 Ⅴ 级找矿远景区,属于山门-乐山 Ⅳ 级成矿带,面积 92km²,不规则面状分布,矿物含量分级较高(4—5 级),其西侧有大顶子多金属矿响应,具有一定的矿致特征。综合重砂异常场由铅族矿物、自然金、白钨矿、黄铁矿、辰砂构成,空间上存在套合现象,面积 32km²,是预测铅锌找矿的重要区域。

放牛沟铅锌矿矿致系统没有铅族矿物重砂异常反映,其 11 号重砂综合异常由自然金、黄铁矿、白钨矿、磷灰石构成,分布在放牛沟铅锌矿的边缘,具矿致特征。控矿因素为奥陶系石缝组的中酸性火山岩、碎屑岩建造,加里东期和燕山早期的花岗岩侵入体,以及于北东向与北西向断裂构造体系。重砂异常特征见表 4-3-14。

表 4-3-14 放牛沟多金属矿 11 号综合异常重砂矿物异常特征

矿物	异常下限/粒	最大值/粒	最小值/粒	异常均值/粒	异常点数/个	异常面积/km²	平均衬值	规模	相对规模
自然金	1	6.8	1	6.8	12	28.38	6.8	192.98	12.82%
黄铁矿	28	348	28	68.5	16	41.59	2.45	101.75	6.76%
白钨矿	64	145	23	36.9	41	45.76	0.58	26.44	1.76%
磷灰石	23	534	23	215.3	40	126.53	9.36	1 184.29	78.66%

从表中可以看出,该综合异常自然金的相对规模较大,显示以金矿为代表的金属矿化(铜、铅锌)占有重要位置。黄铁矿、磷灰石既可以作为找矿标志,亦可以成为硫铁矿化的主体。

总之,11号重砂综合异常是寻找金及多金属硫铁矿的重要异常区。

3. 钨矿、钼矿

钨矿在吉林省分布较少,以小型为主,钼矿是优势矿种,在吉林省具有重要位置。由于指示钼矿的直接指示矿物辉钼矿,重砂异常分布稀少,故以主要伴生矿物白钨矿重砂异常进行评价。

白钨矿2号Ⅱ级异常落位在福安堡-马鹿沟找矿远景区,属于福安堡-塔东Ⅳ级成矿带。面积63km^2,近椭圆状分布,矿物含量分级较高,异常外围有蛟河季德屯钼矿、福安堡钼矿响应,具有一定矿致特征。综合异常主要由白钨矿、锡石构成,面积149km^2,以燕山期的花岗岩类侵入体为主要地质背景,北东、北西向的断裂构造十分发育,显示优良的成矿地质条件,可反映季德屯钼矿和福安堡钼矿的成矿岩浆系统,是评价钼矿、钨矿的重要场所。

白钨矿11号Ⅱ级异常落位在山河-榆木桥子Ⅳ级成矿带。面积23km^2,不规则状分布,矿物含量分级较高,有靖宇县秋皮沟铜钼矿点响应,具有矿致性质,是评价铜钼矿的重要标志。其综合异常以印支期的花岗岩类侵入体为主要地质背景,发育白钨矿、锡石等重砂异常,显示良好的成矿条件。

白钨矿12号、20号Ⅰ级异常落位在大黑山-倒木河找矿远景区,属于山河-榆木桥子Ⅳ级成矿带。面积分别为260km^2、59km^2,不规则面状分布,矿物含量分级较高,有大黑山钼矿、四方甸子钼矿以及多处铜矿点响应,是优良的矿致异常。综合异常由自然金、白钨矿、黄铁矿等重砂异常构成,以燕山期的花岗斑岩体及北东向的控矿断裂构造为主要控矿要素,表征的是斑岩型钼矿成矿岩浆系统,为寻找钼矿的重要区域。

白钨矿27号Ⅲ级异常落位在山门Ⅴ级找矿远景区,属于山门-乐山Ⅳ级成矿带。面积73km^2,近等轴状分布,矿物含量分级较高,异常的西侧有大顶子多金属矿分布,目前还发现了钼矿,表明该异常具有一定矿致特征。综合重砂异常场由自然金、铅族矿物、白钨矿、辰砂等异常构成,面积32km^2,表现强烈的燕山期岩浆活动痕迹,是评价钼矿的有利区域。

白钨矿39号Ⅱ级异常落位在山河-榆木桥子Ⅳ级成矿带,面积177km^2,不规则状分布,矿物含量分级较高,有桦甸火龙岭钼矿响应,是成矿异常。综合异常由白钨矿、锡石、辰砂、铅族矿物等重砂异常构成,面积192km^2,反映以燕山期花岗岩浆活动为主要地质背景的钼矿岩浆系统,是预测斑岩型钼矿的重要异常区。

白钨矿43号Ⅱ级异常落位在大蒲柴河Ⅴ级找矿远景区,属于海沟-红太平Ⅳ级成矿带。面积38km^2,不规则状分布,有刘生甸子钼矿积极响应,是优良的矿致异常。自然金、辰砂、白钨矿、辉钼矿、泡铋矿、独居石、黄铁矿等重砂异常构成综合异常,其中自然金、辰砂、白钨矿、辉钼矿表征钼矿化系统,泡铋矿、独居石指示花岗岩浆活动,显示优良的成矿地质条件。

白钨矿48号Ⅱ级异常落位在天宝山-开山屯找矿远景区,属于天宝山-开山屯Ⅳ级成矿带。面积84km^2,不规则面状分布,矿物含量分级较高,异常西侧有天宝山铜铅锌钼多金属矿分布,显示矿致特征。综合异常由铅族矿物、铜族矿物、白钨矿、辰砂、自然金等重砂异常组成,面积114km^2,以石炭系(天宝山岩块)与二叠系(红叶桥组)砂板岩、灰岩、中酸性火山岩及燕山期脉状花岗斑岩为主要成矿地质背景,在东西向、北西向、近南北向3组断裂交会空间形成天宝山多金属矿矿致岩浆系统。因此,其重砂综合异常为找矿预测提供了重要依据。

白钨矿30号Ⅰ级异常落位在小西南岔-农坪找矿远景区,属于新华村-小西南岔Ⅳ级成矿带。面积为115km^2,不规则面状分布,矿物含量分级较高,有珲春杨金沟矿钨矿、金响应,是优良的成矿异常。综合异常主要由自然金、白钨矿构成,面积169km^2,以五道沟群含钨、金较高的变质建造(变质砂岩、板岩、片岩、斜长角闪岩)和后期侵入的花岗岩类岩体以及区域上NE向和NW向两组断裂构造为控矿条件,反映了杨金沟钨矿、金矿的成矿岩浆系统,是重要的找矿预测区。

白钨矿 77 号、78 号 I 级异常落位在临江六道沟 V 级找矿远景区,属于营口-长白(次级隆起、Pt_1 裂谷)Ⅳ级成矿带。面积分别为 27km², 19km², 长条状分布,矿物含量分级较高,有六道沟铜钼矿响应,矿致性质明显。综合异常主要为白钨矿异常,有时可出现铜族矿物及辰砂,以燕山期花岗闪长岩体和老岭岩群珍珠门岩组大理岩为主要成矿地质背景,区域东西向及北东向断裂构造为成矿提供运移空间。因此,该综合异常具有优良的成矿地质条件,是预测矽卡岩型铜钼矿的有利异常区。

白钨矿 24 号、29 号、32 号、35 号、37 号、42 号、46 号、49 号、50 号、53 号、58 号、59 号、64 号、66 号、74 号 I 级及 II 级异常均与分布的金(银)矿、铜矿、铜镍矿响应,是矿致岩浆系统的重要标志性矿物,对指示找矿有一定的指示作用。

4. 镍矿

镍矿是吉林省的优势矿种,成因类型主要为岩浆熔离-贯入型,典型矿床有红旗岭铜镍矿、赤柏松铜镍矿、漂河川铜镍矿、长仁铜镍矿和山门铜镍矿。由于具备直接指示作用的镍黄铁矿没有重砂异常反映。因此,可选择重要的伴生重砂矿物异常进行评价。如:铜族矿物、磁铁矿、黄铁矿、橄榄石、辉石等。

反映山门铜镍矿岩浆系统的铜族矿物 I 级异常落位在山门 V 级成矿带,以加里东期的基性-超基性岩体为主要地质背景。面积 2.33km², 近椭圆状,含量分级较低,达 2—3 级,具有优良的矿致特征,是指示该区铜镍找矿的有利标志。

红旗岭铜镍矿所在的汇水区域铜族矿物及镍黄铁矿均没有重砂异常反映,由磁铁矿-橄榄石-辉石构成的重砂组合异常和红旗岭铜镍矿分布在同一汇水区域中,追索其源头是海西晚期的基性-超基性岩体。因此,该组合异常可以指示与成矿关系密切的基性-超基性的地质背景,利于找矿预测。

赤柏松铜镍矿控制的汇水区域有铜族矿物异常,对铜镍矿致系统有着积极支撑,并具有明显的找矿指示作用;磁铁矿、辉石及辰砂、重晶石等重砂异常反映了优良的成矿地质背景和条件。具体见"铜矿、铅锌矿"部分。

漂河川铜镍矿所在的汇水区域铜族矿物、镍黄铁矿以及磁铁矿、橄榄石、辉石均没有重砂异常反映,表明该区难以利用重砂异常进行找矿,指示效果差。

长仁铜镍矿所在的汇水区域有铜族矿物、磁铁矿、黄铁矿重砂异常反映,虽对长仁铜镍矿缺乏直接支持,但空间上与分布的基性-超基性岩体存在响应关系,这表明铜族矿物、磁铁矿、黄铁矿重砂异常在具备成矿地质条件的汇水区,对预测熔离型铜镍矿仍有间接的指示作用,结合化探异常综合研究效果会更突出。

5. 锑矿

吉林省锑矿只分布在头道-官马和南岔-荒沟山 V 级找矿远景区。对应的典型矿床分别为石嘴驿马的火山热液型锑矿,临江的青沟子侵入岩浆型锑矿,都是小型矿床。而安图矿山屯锑矿、桦甸大秃子山金锑矿为矿点级,成因类型属侵入岩浆(热液)型。

用于评价锑矿的主要重砂矿物辉锑矿,报出率很低(0.02%),在吉林省中东部地区都没有较好的重砂异常显示,只在万宝地区有 3 处分级点,以有无图表达其异常的存在。

落位于头道-官马找矿远景区北侧的驿马锑矿,其地质背景与区内的黄铜矿是一样的。主要的共生矿物辰砂出现在驿马锑矿的外围西侧,即为头道-官马找矿远景区内圈出的辰砂 1 号异常。该异常中有官马金矿积极响应,显示异常的矿致性质。因此,我们认为辰砂 1 号异常与官马金矿更紧密,对预测金矿效果更显著,而对于驿马锑矿的指示作用则显得弱一些,在预测驿马锑矿外围找矿时,辰砂 1 号异常只可以起到一定的指示作用。

青沟子锑矿位于南岔-荒沟山找矿远景区的南侧,主共生矿物辰砂的矿物含量分级较低(1—2级),而且分布零散,整体显示的重砂找矿信息很弱,无法以异常图的形式对青沟子锑矿做出有价值的指示和进一步的找矿预测。

总之,由于吉林省锑矿资源分布稀少,使得有关的重砂异常表现弱势,指示作用不强。

6. 稀土矿

吉林省稀土矿主要是分布在安图县的东清独居石矿。在矿床所在的汇水盆地有独居石 25 号重砂异常分布,面积 212km²,不规则状,含量分级高,对冬清独居石矿有积极支撑,是成矿异常,具有直接指示效果。78 号综合异常由独居石、磷钇矿、自然金构成,面积 90km²,以寒武纪的花岗闪长岩为主要地质背景,反映冬清独居石砂矿的成矿岩浆系统,是预测独居石砂矿的主要异常区。其重砂矿物异常特征见表 4-3-15。

表 4-3-15 西北岔 78 号综合异常重砂矿物参数表

矿物	异常下限/粒	最大值/粒	最小值/粒	异常均值/粒	异常点数/个	异常面积/km²	平均衬值	规模	相对规模
独居石	80	2090	80	1 111.09	65	986.59	13.89	13 703.73	29.95%
磷钇矿	1	85	1	38.41	63	834.23	38.41	32 042.77	70.02%
自然金	1	1	1	1	4	14.07	1.00	14.07	0.03%

表中显示,独居石、磷钇矿在综合异常内的权重最大,是成矿的主要组分;大规模磷钇矿异常的出现为寻找伟晶岩型稀土矿起到重要的指示作用。在寻找独居石砂矿时,应注重磷钇矿异常的检查与评价。自然金异常规模较小,结合成矿背景,应注意寻找与火山热液有关的金矿。

独居石 13 号、16 号、18 号、19 号、21 号、23 号、37 号 Ⅰ 级异常与分布的金矿、铜矿积极响应,反映矿致系统的岩浆活动痕迹,对评价金矿、铜矿的成矿条件有一定作用。

7. 铁矿

吉林省铁矿的主要矿物成分是磁铁矿,有时有磷灰石,典型矿床有塔东铁矿、吉昌铁矿、板石沟铁矿、大栗子铁矿,其余为小型铁矿。

磁铁矿 3 号 Ⅱ 级重砂异常分布在塔东-额穆 Ⅴ 级成矿带的北侧。异常密集,面积 962km²,不规则面状,矿物含量分级高;磷灰石异常亦呈面状分布,空间上与磁铁矿套合紧密。其组合异常与外围的塔东铁矿存在响应关系,具有矿致特征。

磁铁矿 5 号 Ⅱ 级重砂异常分布在双阳的劝农乡,属于八台岭-上河湾 Ⅴ 级成矿带。面积 113km²,矿物含量分级高;空间上与磷灰石重砂异常局部套合。有东风铜铁矿积极响应,显示磁铁矿及磷灰石重砂异常的矿致性质,具有显著的找矿指示意义。

磁铁矿 18 号 Ⅰ 级重砂异常分布在桦甸的老牛沟,属于夹皮沟 Ⅴ 级成矿带。面积 58km²,矿物含量分级高;磷灰石异常呈面状分布,异常规模较大,空间上与磁铁矿紧密套合,反映了老牛沟铁矿岩浆系统,表明磁铁矿及磷灰石重砂异常为成矿异常。该系统以太古宇沉积-变质建造为主要成矿地质背景,构造控矿明显,碳酸盐化、白云石化、绿泥石化、铁化强烈。因此,18 号重砂异常是寻找与碳酸盐岩有关的沉积型铁矿的主要区域。

磁铁矿 20 号、23 号、25 号、28 号、29 号重砂异常分布在铁岭-靖宇(次级隆起)Ⅳ 级成矿带。面积分别为 290km²、75km²、36km²、478km²、240km²,不规则状态,具有较高的矿物含量分级;对应的磷灰石重砂异常亦有一定的套合,且空间上均有小型铁矿及铁矿点响应,显示磁铁矿及磷灰石重砂异常的矿致特征,找矿指示作用明显。

磁铁矿 33 号、40 号 Ⅱ 级重砂异常分布在王家店-那尔隆找矿远景区,属于铁岭-靖宇(次级隆起)Ⅳ

级成矿带。面积分别为169km²、204km²，不规则面状分布。空间上磷灰石的66号、71号、75号、77号重砂异常与磁铁矿异常紧密交合，有柳河铁矿、大兴铁矿等矿产积极响应，矿致特征明显，是该成矿带评价铁矿的主要评价指标。

磁铁矿41号Ⅰ级重砂异常分布在集安的头道沟乡，属于四方山-板石Ⅴ级成矿带。面积810km²，有磷灰石80号重砂异常与之套合，分布集安南砬子铁矿及赤柏松铜镍矿，是矿致异常，找矿指示作用明显。

反映板石沟铁矿的磁铁矿重砂异常面积较小，为10km²，与之套合紧密的磷灰石异常面积205km²，呈不规则面状分布。由磁铁矿-磷灰石构成的组合异常场是评价板石沟式铁矿的主要异常区。矿致系统受太古宇鞍山群变质岩建造和岩性、构造控制，矿石矿物主要是石英磁铁矿。

在磐石吉昌铁矿控制的汇水区域可圈出面积为57km²的磁铁矿异常和面积16km²的磷灰石重砂异常，空间上二者套合完整，对铁矿系统有积极支撑，矿致特征明显。其组合异常场以上古生界灰岩建造为成矿背景，岩浆和构造控矿明显，是预测吉昌式铁矿的重要异常区。

白山的大栗子铁矿，磁铁矿和磷灰石均没有重砂异常反映，表明磁铁矿和磷灰石重砂异常对大栗子式沉积变质铁矿缺乏指示意义。

8. 铬铁矿

铬铁矿的主要矿物成分为铬尖晶石类矿物，如铬铁矿、铬尖晶石、镁铬尖晶石，还有橄榄石、辉石、含铬石榴子石等。主要矿床有小绥河铬铁矿、开山屯铬铁矿。

小绥河铬铁矿没有铬尖晶石类重砂异常直接响应，只在矿致系统东有3个含量较低的分级点异常，难以对小绥河铬铁矿矿致系统作出评价。

开山屯铬铁矿的控制水域可圈出一处Ⅰ级铬铁矿异常，面积75km²，不规则状，直接反映了开山屯铬铁矿的成矿岩浆系统，具有明显的找矿指示作用。重砂异常以海西晚期的超基性岩体为主要地质背景，北东向、北西向断裂构造发育，显示出优良的成矿地质条件。因此，该重砂异常可为评价开山屯式铬铁矿提供重要依据。

9. 硫铁矿

硫铁矿的主要矿物成分为黄铁矿，主要矿床有伊通放牛沟硫铁矿、永吉头道沟硫铁矿、荒沟山硫铁矿及桦甸西台子硫铁矿。

在放牛沟、头道沟以及荒沟山硫铁矿控制的汇水区域，主要指示矿物黄铁矿含量分级较低，没有重砂异常直接响应，难以应用重砂异常评价硫铁矿的寻找。

在西台子硫铁矿区域可圈出黄铁矿40号、41号异常，面积分别为105km²、45km²，呈不规则状分布，含量分级较高，达到5级以上，直接反映了湖相沉积成因型西台子硫铁矿的矿致岩浆系统，是优良的矿致异常。

该矿致系统以第三系渐新统桦甸油页岩组地层为主要地质背景，岩性为含砾粗砂岩、中细粒砂岩、细砂岩、粉砂质泥岩、页岩、碳质页岩、黏土岩夹油页岩、褐煤、薄层石膏，其中呈强还原环境的封闭或半封闭水盆地内堆积形成的沼泽湖泊相碎屑岩含煤和油页岩沉积建造为主要含矿层位，系统受向南东倾没的向斜构造控制，具有优良的成矿地质背景和条件。应用黄铁矿重砂异常可为评价硫铁矿提供重要依据。

其他黄铁矿重砂异常分布区有金矿、铜矿、钼矿、铅锌矿响应，是这些矿致系统的主要标志性矿物，对评价金矿及有色金属矿产有重要指示作用。

第四节 异常区带划分及其特征

根据吉林省Ⅳ级成矿区带的划分以及重砂矿物异常的分布规律,结合矿产特征,将划分12个重砂异常集群,见表4-4-1。根据预测矿种和成矿地质背景、条件,解译重砂异常集群属性。

表 4-4-1 吉林省自然重砂异常区带一览表

序号	自然重砂异常区带
1	山门-乐山自然金、铜族矿物、铅族矿物重砂异常区带
2	兰家-上河湾自然金重砂异常区带
3	那丹伯-一座营自然金、白钨矿重砂异常区带
4	山河-榆木桥子自然金、白钨矿、铜族矿物重砂异常区带
5	福安堡-塔东白钨矿、锡石重砂异常区带
6	红旗岭-漂河川铜族矿物、磁铁矿重砂异常区带
7	海沟-红太平自然金、铜族矿物、铅族矿物重砂异常区带
8	五凤-百草沟自然金重砂异常区带
9	新华村-小西南岔自然金、白钨矿重砂异常区带
10	天宝山-开山屯自然金、铜族矿物、铅族矿物、铬铁矿重砂异常区带
11	铁岭-靖宇(次级隆起)自然金、铜族矿物、白钨矿、黄铁矿重砂异常区带
12	营口-长白(次级隆起、Pt_1裂谷)自然金、铜族矿物、白钨矿、辰砂重砂异常区带

1. 山门-乐山自然金、铜族矿物、铅族矿物重砂异常区带

该异常区带以预测火山热液型银矿(脉状)、铅锌矿为主。重砂矿物自然金、白钨矿、锡石、辰砂、铜族矿物异常表现突出,其次为指示基性-超基性岩体的橄榄石、辉石重砂异常;黄铁矿重砂异常亦有较好的展示,它是评价硫铁矿的标型矿物;萤石以有无图的形式存在于四平山门银金矿的东南部,对预测萤石矿有作用。综合异常有9个,见图4-4-1。

这些重砂矿物异常均分布在已知矿床(山门金银矿、镍矿)所在汇水区域,或已知矿床(梨树大顶子铅锌钨多金属硫铁矿、放牛沟多金属硫铁矿)外围汇水盆地中,整体沿北东向分布,与北东向构造带吻合。其中白钨矿异常发育,显示由南至北高温的成矿地质环境。而山门金银矿带不仅白钨矿发育,辰砂亦有异常反映,表明山门金银矿带多阶段复杂的矿化过程。因此,这些重砂矿物成为与岩浆热液有密切关系的金矿、银矿、铅锌矿、钨矿、硫铁矿等重要的找矿预测依据。基础地质资料表明,成矿区带内的典型矿床均处于大黑山条垒南段西侧,北东向的韧性剪切带以及北西向次一级断裂构造非常发育。在主要成矿阶段,海西晚期和燕山早期的岩浆侵入活动十分频繁、强烈。因此,区带内的成矿地质背景和条件是非常优越的。遥感资料显示,该成区带存在普遍的构造糜棱岩化现象,这对成矿岩浆系统中金、银、铅、锌、钨、镍、硫等组分的进一步富集成矿起到了非常重要的作用。

在Ⅴ级矿带内,封闭的山门金银矿、大顶子铅锌矿、放牛沟多金属硫铁矿等成矿岩浆系统,伴随着矿化进程,自然金、白钨矿、毒砂、黄铁矿等重砂矿物亦逐渐形成重砂综合异常,并具有紧密的空间叠加效应,成为天然水系介质中可见的找矿标志性矿物,指示作用显著。

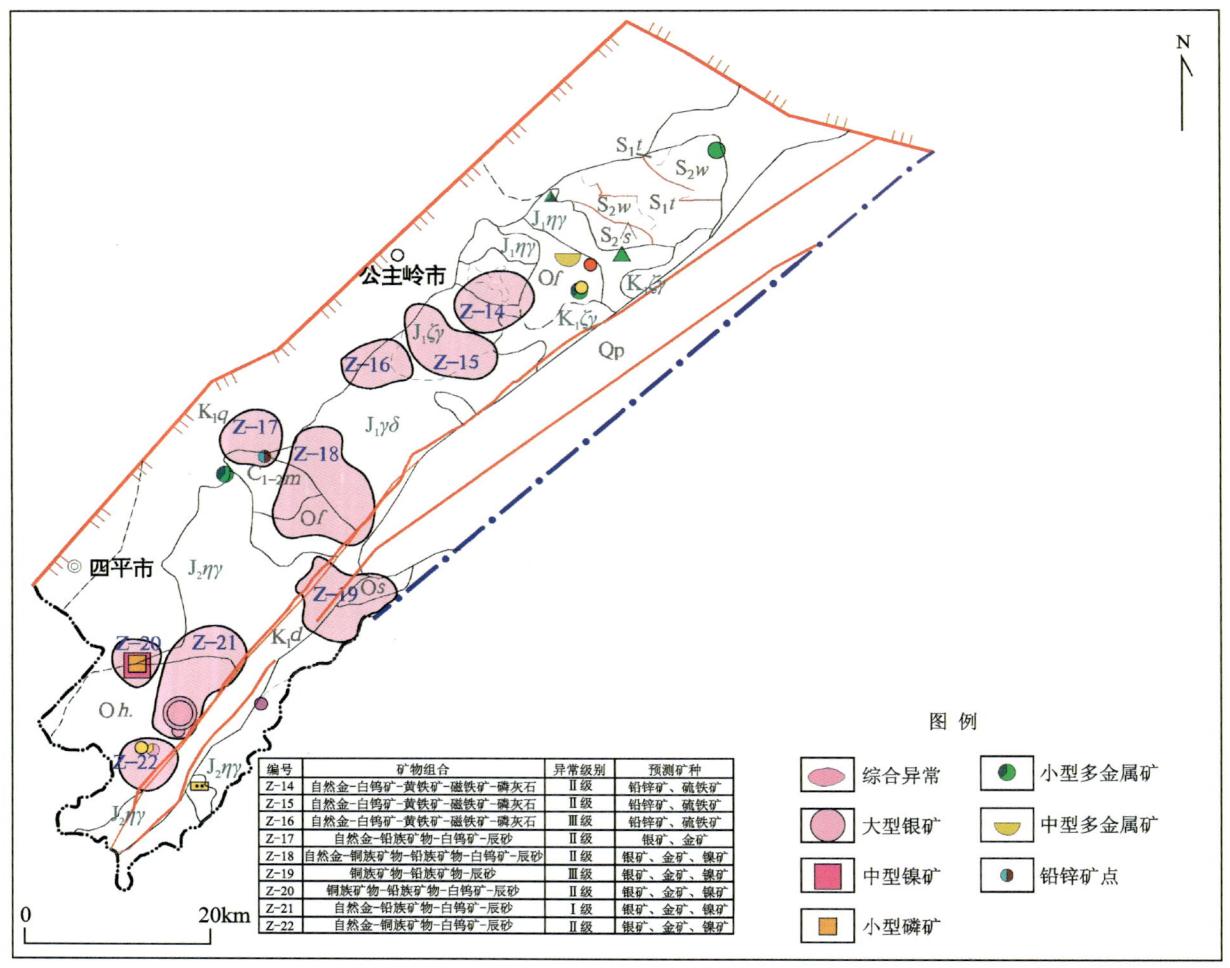

图 4-4-1　山门-乐山自然金、铜族矿物、铅族矿物异常区带重砂综合异常图

2. 兰家-上河湾自然金重砂异常区带

该异常区带主要分布矽卡岩型兰家金矿、构造蚀变岩型八台岭金银矿、火山岩型姜家沟金矿点。自然金重砂异常呈北东向带状分布，含量分级以1—2级为主，具有一定的剥蚀搬运，其重砂异常模式对金矿岩浆系统有积极支撑，指示作用明显。白钨矿、锡石、辰砂呈零星异常分布，空间上与自然金存在叠加现象，反映高—中—低温的成矿阶段。共圈定4个综合异常，见图4-4-2。

其综合异常面积分别为83km²、79km²，分别反映了兰家金矿、九台上河湾姜家沟金矿点的成矿岩浆系统。成矿系统控矿要素为古生界的变质火山-沉积岩建造；呈岩株产出的燕山期酸性（石英闪长岩体）岩浆活动强烈（热液蚀变作用），以及具有压扭性质的北东向、北北东向和共轭的北西向层间断裂裂隙系统。如此优良的成矿地质条件为含矿热液的分布、运移提供了丰富的物源、热源和必要的赋存空间。而自然金、白钨矿、锡石、辰砂作为矿化过程中的必要产物，可为找矿预测提供重砂依据。

3. 那丹伯-一座营自然金、白钨矿重砂异常区带

该重砂异常区带是金矿、钼矿的重要找矿远景区，有弯月金矿、西苇钼矿响应。分布自然金、白钨矿、辰砂、铜族矿物异常，圈定6个综合异常。其中24号综合异常对弯月金矿有积极支撑，是指示找矿的重要靶区，见图4-4-3。

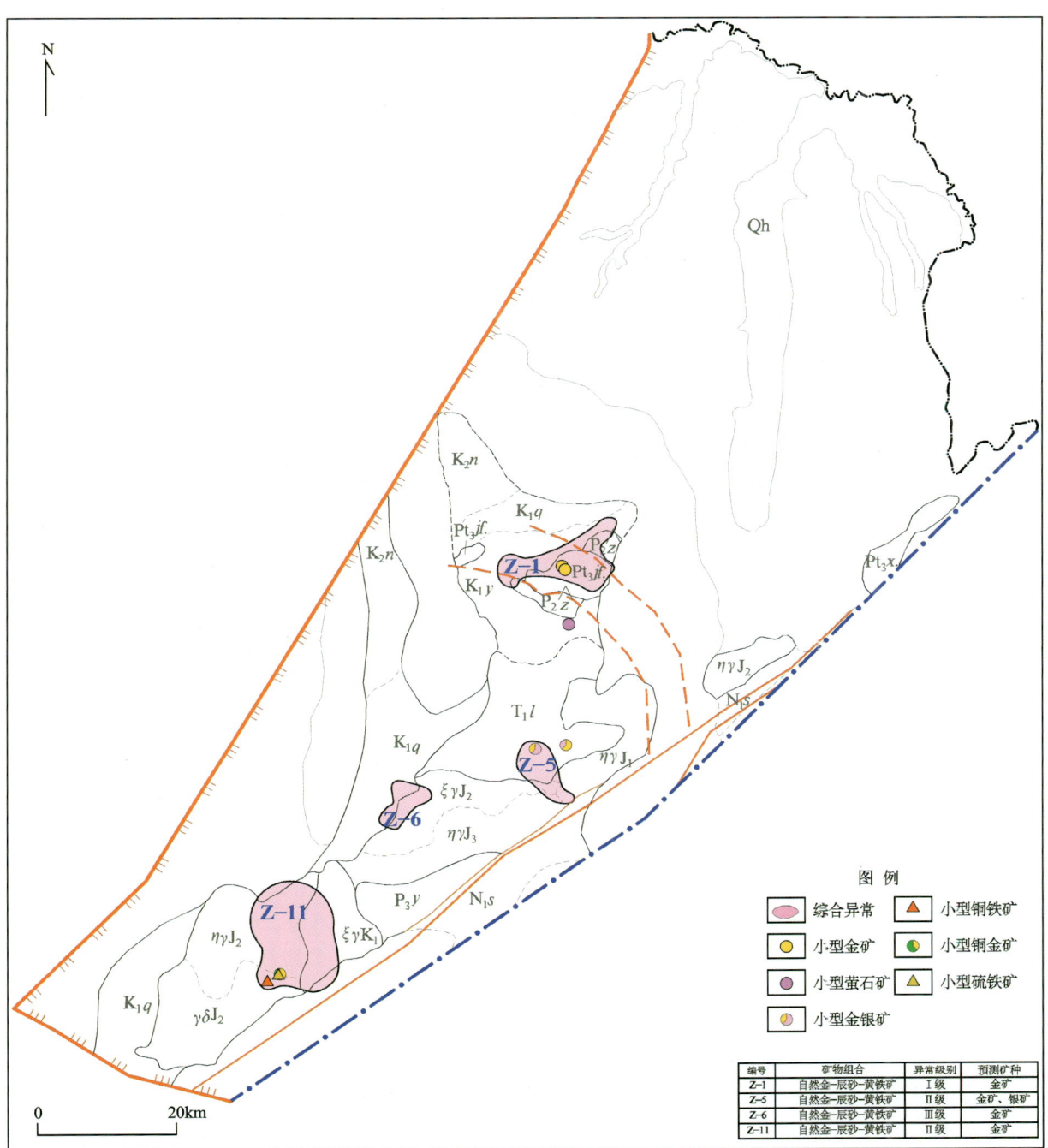

图 4-4-2　兰家-上河湾自然金异常区带重砂综合异常图

在重砂异常分布水域，控矿因素为下古生界的沉积-变质建造以及燕山期花岗岩类侵入体和发育的北东、北西向的断裂裂隙。表明矿化岩浆系统中的岩浆热液活动和控矿构造体系对成矿具有重要作用。

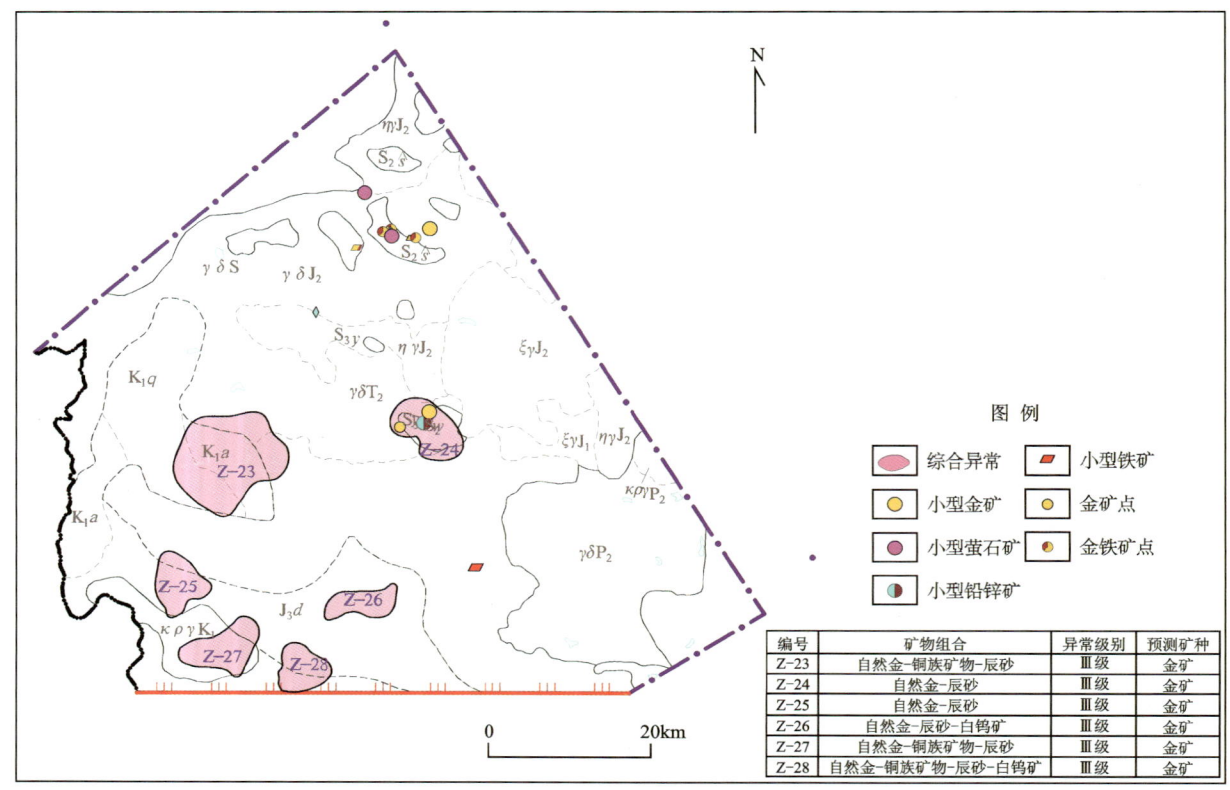

图 4-4-3 那丹伯—一座营自然金、白钨矿异常区带重砂综合异常图

4. 山河-榆木桥子自然金、白钨矿、铜族矿物重砂异常区带

异常区带内矿产丰富,有头道川金矿、锅盔顶子铜矿、大黑山钼矿、蚁蚂锑矿、吉昌铁矿、地局子多金属矿等,为火山成因和斑岩成因。矿致系统以元古宇(Pt_2、Pt_3),石炭系、三叠系和侏罗系为主要围岩,成矿受海西期的基性-超基性岩体以及燕山期的闪长岩、花岗岩类控制,北东向、北西向及近南北向的断裂构造为成矿提供必要空间。重砂矿物以自然金、白钨矿、铜族矿物重砂为主,其次为辰砂、磁铁矿、黄铁矿等,含量分级较低,空间上有叠加现象。圈定 9 个综合异常。从源头到下游水系重砂组合面积较大,对成矿系统积极支撑。如 13 号重砂综合异常反映大黑山钼矿岩浆系统;34 号重砂综合异常反映吉昌铁矿岩浆系统。根据重砂异常形态可知,矿体处于剥蚀初期,有一定矿物剥蚀量,在搬运范围内重砂异常有重要的找矿指示意义,见图 4-4-4。

5. 福安堡-塔东白钨矿、锡石重砂异常区带

异常区带主要分布白钨矿、锡石等重砂矿物异常。空间上,白钨矿、锡石异常紧密套合,具有同源性。综合异常圈出 8 个,其中 2 号、4 号综合异常与钼矿岩浆系统(季德屯钼矿、福安堡钼矿)存在积极的响应关系,是预测钼矿的最有利场所。该重砂综合异常的成矿地质背景是印支期的花岗岩类岩浆侵入系统以及北东向、北西向的控矿断裂构造体系,反映成矿封闭体系内白钨矿、锡石等重砂矿物的矿致特征和显著的找矿指示作用,见图 4-4-5。

6. 红旗岭-漂河川铜族矿物、磁铁矿重砂异常区带

该区带圈出 7 个综合异常,见图 4-4-6。

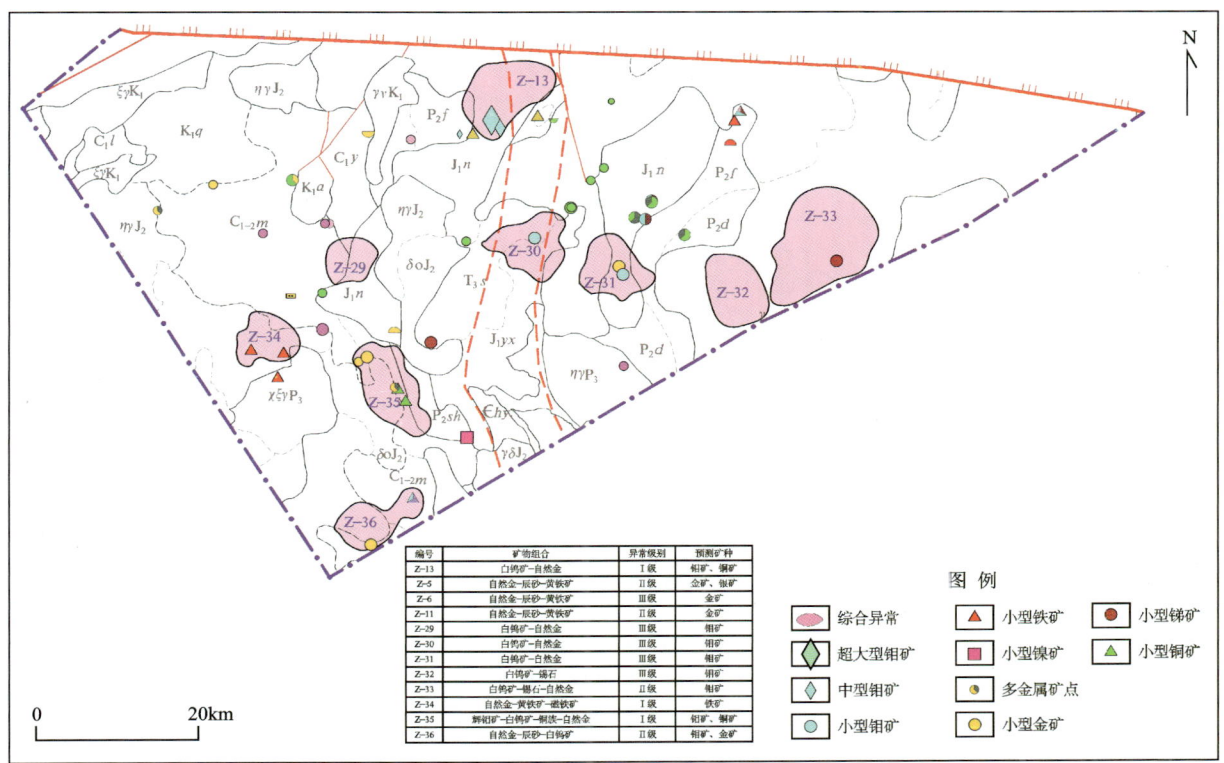

图 4-4-4 山河-榆木桥子自然金、白钨矿、铜族矿物异常区带重砂综合异常图

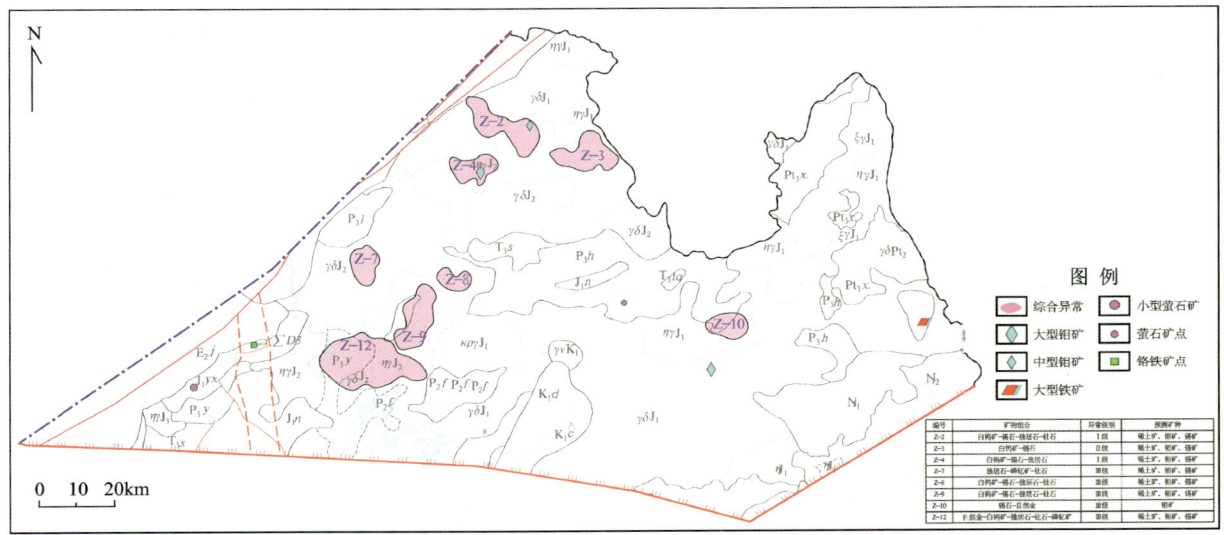

图 4-4-5 福安堡-塔东白钨矿、锡石异常区带重砂综合异常图

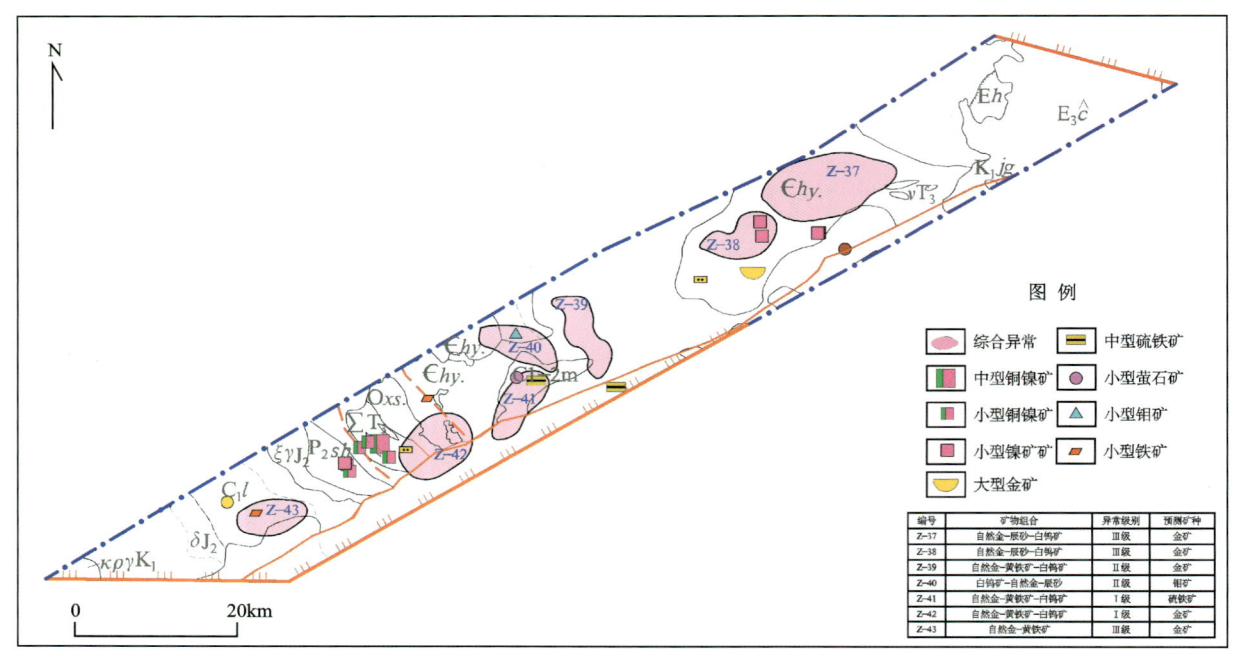

图 4-4-6　红旗岭-漂河川铜族矿物、磁铁矿异常区带重砂综合异常图

其中 38 号综合异常由自然金、辰砂和白钨矿构成，应与二道甸子金矿系统有关。40 号异常场反映的是火龙岭钼矿以及桦甸剧乐萤石矿系统，白钨矿、锡石、黄铁矿应是该系统的重要找矿指示标志。而表征区内红旗岭铜镍矿田和漂河川镍矿的铜族矿物、镍黄铁矿、橄榄石、辉石等重砂异常表现差，对铜镍矿矿致系统没有指示意义。

7. 海沟-红太平自然金、铜族矿物、铅族矿物重砂异常区带

该区分布的矿产主要是海沟金矿、红太平多金属矿、刘生甸钼矿、东清独居石矿。

海沟金矿系统形成于中元古界色洛河群红光屯组和木兰屯组的变质岩系中，受燕山早期二长花岗岩浆活动以及北西向、北东向的构造裂隙控制。主要重砂矿物为自然金、黄铁矿、磁铁矿、白钨矿、辰砂、泡铋矿等，具有含量分级较高、异常发育、空间上套合紧密的特征。其中自然金、黄铁矿、磁铁矿形成 48 号综合异常的核心，白钨矿、辰砂、泡铋矿分布在综合异常的边缘，形成海沟金矿系统的重砂异常模式，有重要的指示意义。

红太平多金属矿的控矿因素为上古生界的火山沉积建造以及古生代的岩浆活动。有指示意义的重砂矿物主要有黄铜矿、自然金、白钨矿、黄铁矿。其中，黄铜矿为点异常，含量分级 1 级；自然金、白钨矿分级较低，最高达 2—3 级，呈带状，构成红太平多金属矿的外围重砂异常特征。而黄铁矿、磁铁矿空间套合紧密，反映红太平多金属矿矿致系统，是重要的标志性矿物。

刘生甸钼矿以及东清独居石矿系统受控于燕山期花岗岩体以及东西向、北东向断裂构造。代表性矿物自然金、白钨矿、独居石、泡铋矿、辰砂都没有较好的异常显示，缺乏重砂找矿信息，见图 4-4-7。

8. 五凤-百草沟自然金重砂异常区带

该异常区带处于五凤-闹枝-刺猬沟-六道崴子近东西向展布的贵金属、有色金属成矿带上。主要出露有寒武系—奥陶系五道沟群马滴达组的变质砂岩建造；古生界二叠系庙岭组（P_1m）和解放村组（$P_{1-2}j$）的砂岩、粉砂岩，满河组（P_1mh）的中性火山岩以及三叠系柯岛岩群构成的沉积岩建造。火山岩建造主要是由上三叠统托盘沟组和白垩系金沟岭组及刺猬沟组的安山岩、安山质凝灰岩、集块岩构成。区内次一级的断裂构造极其发育。侵入岩以海西期花岗闪长岩和印支期的花岗岩为主。金矿（五凤金

矿、刺猬沟金矿、闹枝金矿)主要产于火山岩建造岩群中,而且赋矿空间构造蚀变强烈。主要分布自然金、黄铁矿、辰砂、毒砂、泡铋矿等重砂矿物;综合异常圈出 6 个,多呈东西向展布。其中,49 号、50 号、52 号、53 号综合异常反映了火山岩型金矿成矿岩浆系统,可为预测提供重要的重砂信息,见图 4-4-8。

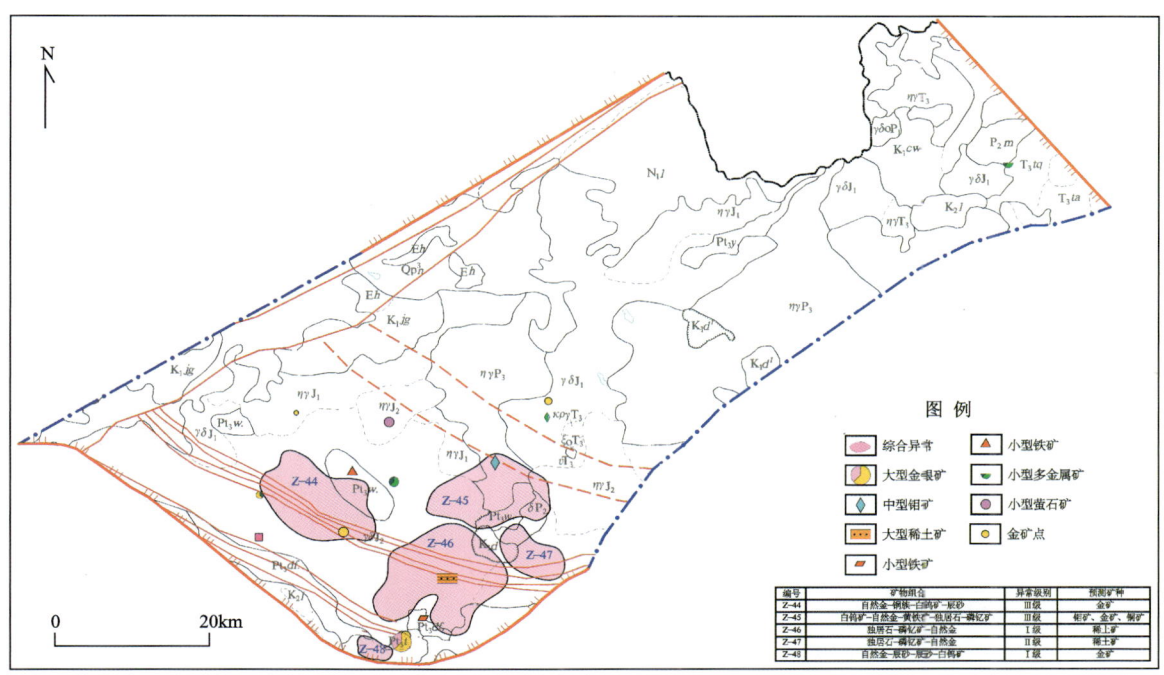

图 4-4-7　海沟-红太平自然金、铜族矿物、铅族矿物异常区带重砂综合异常图

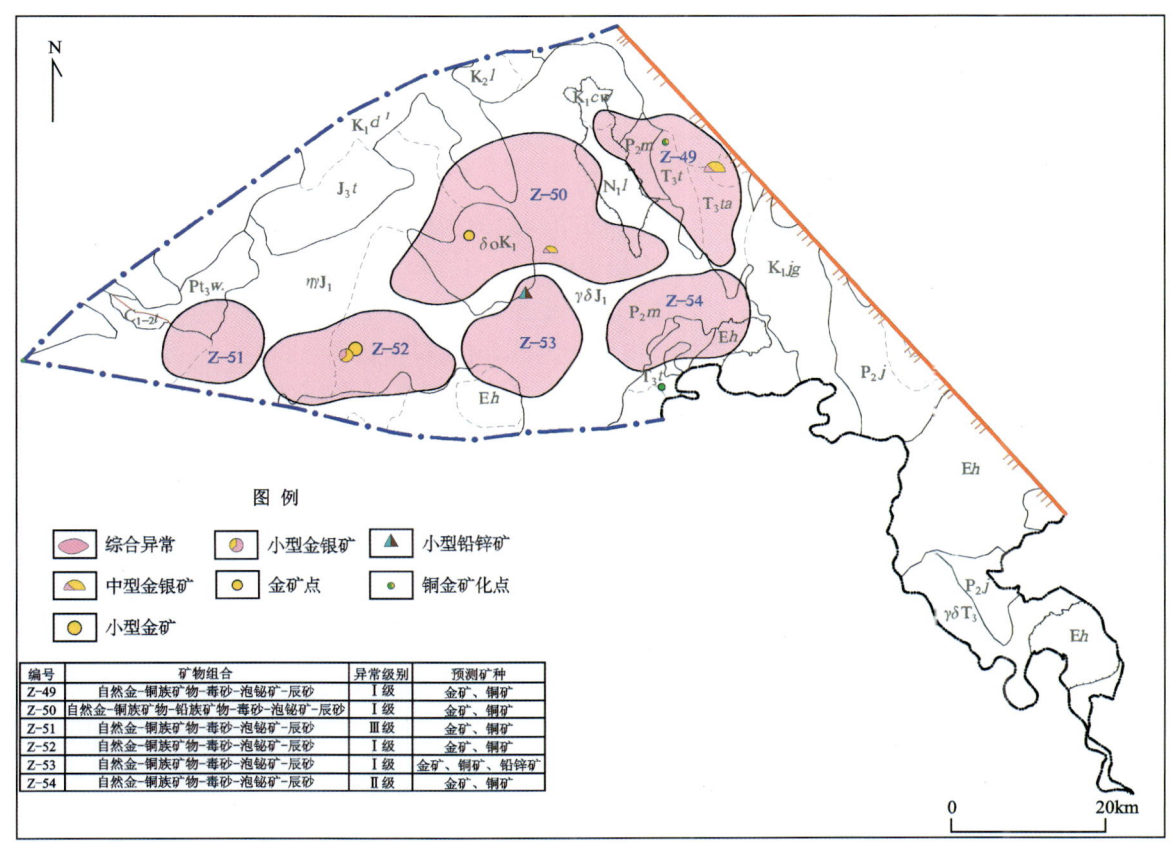

图 4-4-8　五凤-百草沟自然金异常区带重砂综合异常图

9. 新华村-小西南岔自然金、白钨矿重砂异常区带

该区处在吉黑褶皱系（Ⅰ级），延边优地槽褶皱带（Ⅱ级），延边复向斜（Ⅲ级）构造单元。广泛分布呈岩基产出的海西晚期黑云母斜长花岗岩、花岗闪长岩侵入体。其次见有呈岩株产出的燕山早期花岗闪长岩，见图4-4-9。

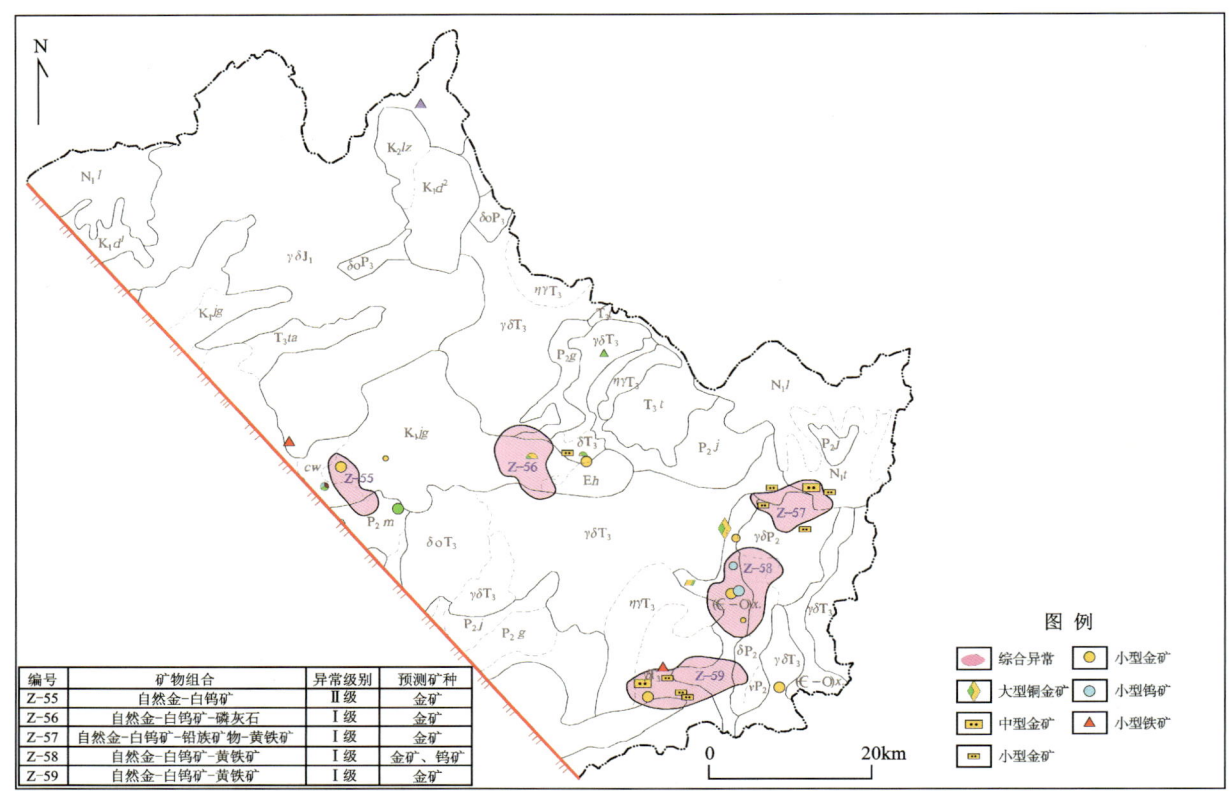

图4-4-9　新华村-小西南岔自然金、白钨矿异常区带重砂综合异常图

此外，还分布有由范围有限的寒武系—奥陶系五道沟群的香房子组、杨金沟组和马滴达组构成的变质岩建造；由二叠系关门咀子组和三叠系托盘沟组中酸性火山岩构成的火山岩建造以及二叠系解放村组和第三系土门子组碎屑岩构成的沉积岩建造。其中变质岩建造（小西南岔铜金矿）与火山岩建造（杨金沟金矿、钨矿）是矿致系统主要的含矿围岩。南北向、北东向断裂构造发育。

区内矿产丰富，有侵入岩浆热液型小西南岔铜金矿，东南岔铜金矿，杨金沟金矿、钨矿，火山成因的杜荒岭金矿、头道沟金矿以及沉积成因的黄松甸子砂金矿、草坪砂金矿等。

主要重砂矿物有自然金、白钨矿、黄铁矿，组成5个综合异常。该组综合异常规模较大，矿物含量分级以3—4级为主。其中55号、56号、57号、58号、59号综合异常分别与分布的杜荒岭金矿、头道沟金矿、黄松甸子金矿以及杨金沟金矿、钨矿积极响应，是区域找矿的重要依据。

10. 天宝山-开山屯自然金、铜族矿物、铅族矿物、铬铁矿重砂异常区带

异常区带位于天山-兴蒙-吉黑造山带复杂的大地构造位置，主要分布天宝山多金属矿、长仁铜镍矿、金谷山金矿、后底洞金矿以及开山屯铬铁矿。地层为新太古代变质表壳岩以及中酸性火山岩-碎屑岩-碳酸盐岩建造，侵入体有海西晚期的超基性岩体、花岗闪长岩以及燕山早期花岗岩。重砂矿物有自然金、白钨矿、铜族矿物、铅族矿物、铬铁矿，共圈定5个综合异常，见图4-4-10。

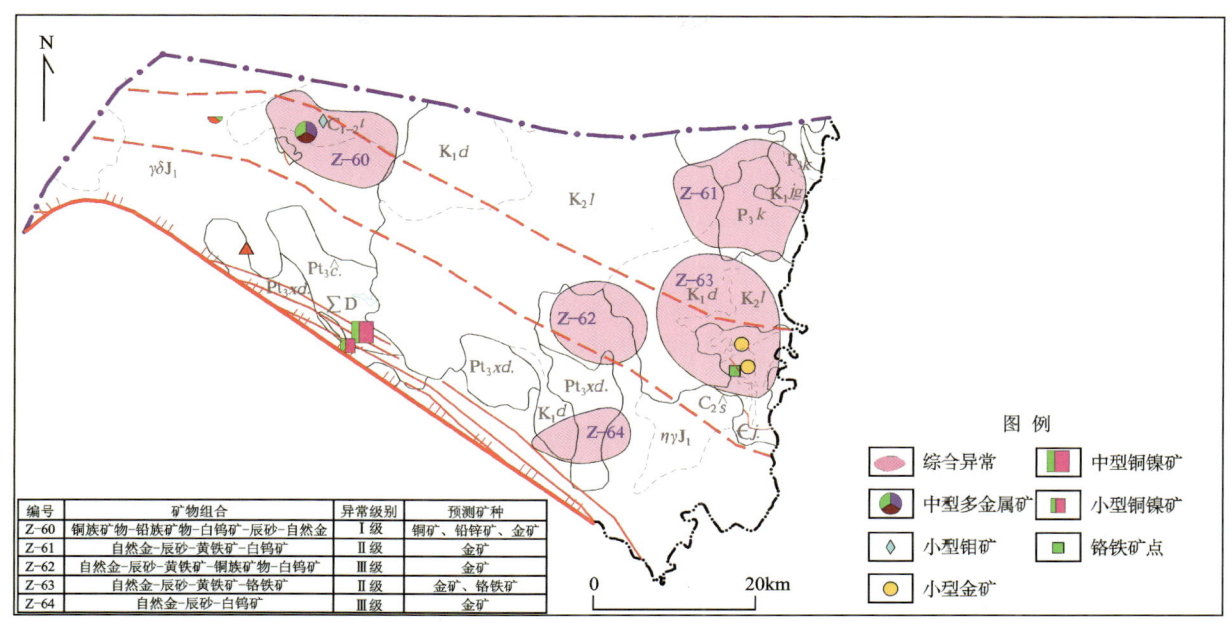

图 4-4-10 天宝山-开山屯自然金、铜族矿物、铅族矿物、铬铁矿异常区带重砂综合异常图

其中60号综合异常由铜族矿物、铅族矿物、白钨矿、辰砂、黄铁矿等重砂矿物构成,主要反映天宝山多金属矿矿致系统的重砂异常模式。而63号综合异常由铬铁矿、黄铁矿、辰砂、自然金构成,反映的是金谷山金矿以及开山屯铬铁矿矿致系统的重砂异常特征。找矿指示效果较明显。

11. 铁岭-靖宇（次级隆起）自然金、铜族矿物、白钨矿、黄铁矿重砂异常区带

该异常区带较复杂,分为多个Ⅴ级成矿区。为了能够更加细致清晰表达该异常区的重砂异常特征,对其异常区中重要的成矿区分别描述如下。

1) 山城镇-安口镇成矿区、辉南-抚民成矿区、王家店-那尔轰成矿区

该成矿区处在中朝准地台（亚Ⅰ级）辽东台隆（Ⅱ级）铁岭-靖宇台拱构造单元内,落位于吉林省主要的金成矿带上,工作区具有铁族元素同生地球化学场特点,主要出露新太古界斜长角闪岩、斜长变粒岩、变质辉长岩及变质花岗岩类建造,古元古界变质辉长岩建造,侏罗系果松组的安山岩建造,下古生界的灰岩、中生界的砂岩构成的沉积岩建造。侵入体以燕山晚期的碱长花岗岩、花岗闪长岩、花岗斑岩为主,韧性剪切带是该区的主要控矿构造。围岩蚀变有硅化、黄铁矿化、绿泥石化等。矿产有香炉碗子金矿、辉南石朋沟金矿、天合兴铜钼矿、那尔轰铜钼矿等。

重砂矿物主要有自然金、白钨矿、辰砂、黄铁矿,其矿物含量分级较高,异常发育,构成的组合异常规模较大,对那尔轰铜钼矿积极响应,具有优良的矿致性,找矿作用明显。在香炉碗子金矿以及辉南石朋沟金矿控制的汇水区域内亦有较好的自然金重砂异常响应,显示一定指示效应。

70号综合异常直接反映了那尔轰铜钼矿矿致系统,是主要预测靶区。

2) 夹皮沟成矿区、两江-金城洞成矿区、百里坪成矿区

该区是吉林省寻找夹皮沟式金矿的最重要区域,落位于地台区北缘,近东西向超岩石圈断裂带南侧,主要出露太古宇龙岗岩群四道砬子河组（Ar_2sd）、杨家店组（Ar_2y）、英云闪长质片麻岩（Ar_2gnt）;夹皮沟岩群老牛沟组（Ar_3ln）、三道沟组（Ar_3sd）以及新元古界色洛河群红旗岭组（Pt_3h）、达连沟组（Pt_3d）,构成变质岩建造。其中,英云闪长质片麻岩（Ar_2gnt）、老牛沟组（Ar_3ln）、三道沟组（Ar_3sd）含有金。侵入岩体以阜平期、五台期的变质二长花岗岩以及燕山期的酸性花岗岩类为主。矿产有夹皮沟金矿、板庙子金矿、三道沟金矿、金城洞金矿、木兰屯金矿以及西林河银矿、百里坪银矿。

主要重砂矿自然金异常的落位处是较好的太古宇含金层位，表明自然金异常应为矿致异常。此外铜族矿物、白钨矿、独居石、黄铁矿、铅族矿物、泡铋矿、磁铁矿、磷灰石等重砂矿物亦有异常显示。尤其是黄铁矿、白钨矿、独居石，矿物含量分级高，异常规模大，与金矿、银矿关系紧密，对寻找金银矿指示作用明显。铅族矿物、铜族矿物有较好的分级点异常，规模较小，与金矿积极响应，是该区指导找金的标型矿物。

综合异常（65号、66号、67号、68号、71号、72号、73号、74号、75号）主要反映了夹皮沟金矿（田）以及金城洞金矿系统，是指示找矿的重要预测区。

3）二密-赤柏松成矿区、四方山-板石成矿区

该区位于敦密断裂的南部，属辽东台隆（Ⅱ级），铁岭-靖宇台拱（Ⅲ级）龙岗断块（Ⅳ级）构造单元。

区内分布有新太古代黑云绿泥片岩、斜长角闪岩（Ar_3msr），古元古代钾长花岗质片麻岩（$Pt_1^3 gna$），构成变质岩建造。其次为一套三叠系、侏罗系和白垩系的中性-偏碱性的火山岩建造。其中，侏罗系林子头组安山岩为含铜地层。沉积岩建造主要由南华系细河群钓鱼台组、南芬组以及桥头组的石英砾岩、砂岩夹泥岩、页岩构成，为区内成矿起到天然屏障作用。

与铜镍成矿关系密切的侵入体主要为分布于三棵榆树、赤柏-金斗穹状背形核部的元古宙基性岩、超基性岩体，成分为辉绿辉长岩、橄榄苏长辉长岩、二辉橄榄岩细粒苏长岩；燕山晚期的侵入体以花岗斑岩为主，是铜矿的主要控矿岩体；区内次一级断裂构造极其发育。分布有二密斑岩型铜矿、赤柏松铜镍矿、板石沟铁矿等矿产。

主要重砂矿物有铜族矿物、磁铁矿、辉石、白钨矿、自然金。空间上圈定的综合异常（79号、80号）与分布的矿产（二密斑岩型铜矿、赤柏松铜镍矿）存在积极响应关系，具有矿致性质，同时亦反映优良的成矿地质条件，是找矿预测的主要标志和异常区。辰砂、重晶石在空间上与铜矿、镍矿亦存在一定的响应关系。研究表明，辰砂中的Hg具有较强的亲硫性，主要来源于深部岩浆，而且在碱性介质中利于铁族矿石及金属硫化物的沉淀。重晶石主要为热液成因，多与硫化物共生。据此认为辰砂和重晶石异常对解译此处的铜矿、镍矿的成矿地质环境有重要指示意义，见图4-4-11。

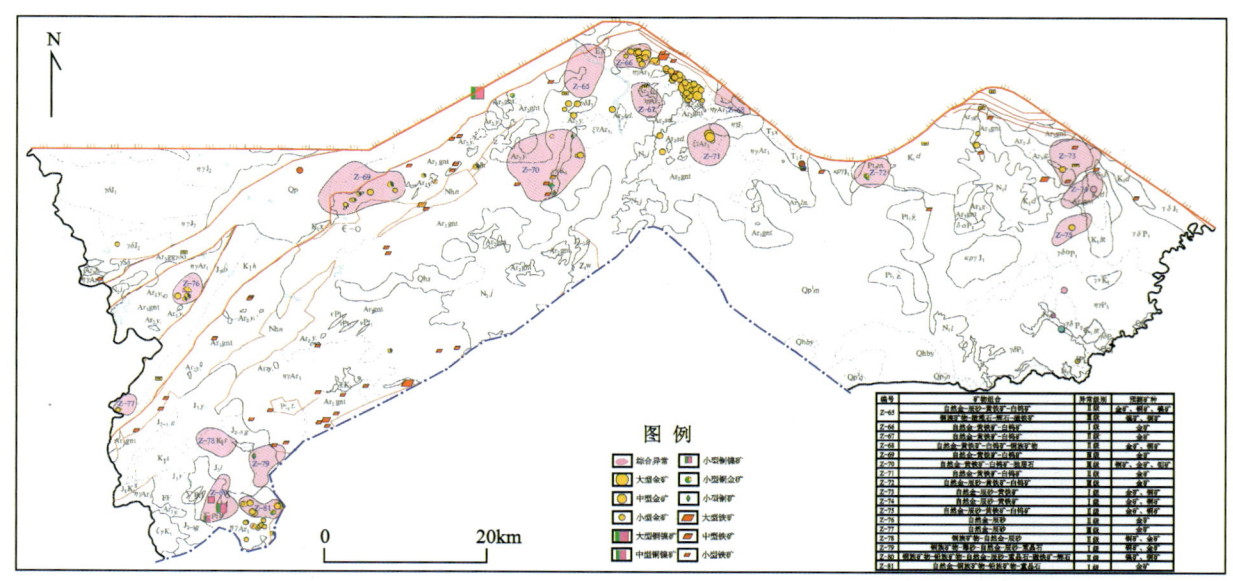

图4-4-11　铁岭-靖宇（次级隆起）自然金、铜族矿物、白钨矿、黄铁矿异常区带重砂综合异常图

12.营口-长白(次级隆起、Pt_1 裂谷)自然金、铜族矿物、白钨矿、辰砂重砂异常区带

该异常区带以Ⅴ级成矿区为单元分别描述。

1)抚松成矿区、金厂-复兴成矿区、大安成矿区

该区处于辽东台隆,区内主要出露太古宇变质钾长花岗岩、片麻岩以及斜长角闪岩构成的变质岩建造;中生界长白组、果松组和林子头组的中酸性火山岩构成的火山岩建造以及古生界、中生界的砂岩、页岩构成的沉积岩建造。发育的东西向和北东向断裂构造对中生代地层的改造作用明显,对区内成矿至关重要。而燕山期的酸性花岗岩体以岩株状侵入到中生界的火山岩建造中,其接触带是成矿的有利部位。产出的矿产有金厂沟金矿、刘家铺子金银矿、大营铅锌矿、正岔铅锌矿、西岔金银矿、复兴屯铜金矿等。

重砂矿物有自然金、铜族矿物、铅族矿物、白钨矿、辰砂、重晶石、磁铁矿、磷灰石、黄铁矿。其中自然金、铜族矿物、铅族矿物、重晶石重砂组合异常级别高、规模大,矿物含量分级4—5级。组合异常落位于燕山早期的花岗岩体与老变质岩体的接触部位,对金矿、铅锌矿有指示意义,显示重砂异常优良的矿致性质。同时,辰砂、铜族矿物、铅族矿物作为中、低温热液矿床中主要共生矿物,对金(银)、铅锌的富集起到重要作用,重晶石矿物产于热液矿脉中,与硫化物共生。

圈定的综合异常(92号)反映了金厂沟金矿以及西岔金银矿、复兴屯铜金矿的矿致岩浆系统,是预测的重要靶区。而84号综合异常指示的是抚松大营铅锌矿。

2)古马岭成矿区、南岔-荒沟山成矿区、六道沟成矿区、长白成矿区

该异常区带位于地台区辽东台隆,是吉林省最南部的金银铅锌硼重要成矿带。分布古元古界集安岩群和老岭岩群,变质建造和火山岩建造发育,是金、银、铅、锌、硼的控矿层位;侵入岩体以早古生代的巨斑花岗岩以及燕山期的二长花岗岩、碱长花岗岩为主,前者为硼镁矿的富集成矿提供热能,金、银、铅、锌主要富集在燕山期的岩浆活动系统。北东向呈蛇形延伸的韧性剪切带是主要的控矿构造。矿产有矿洞子铅锌矿、荒沟山金矿、铅锌矿、南岔金矿,六道沟铜钼矿,下活龙金矿等。

主要重砂矿物有自然金、自然银、铜族矿物、铅族矿物、白钨矿、辰砂、毒砂、重晶石,有时有辉钼矿,其异常含量水平较低,空间上存在套合现象,并与分布的矿产存在响应关系,具备矿致性质,找矿指示效应明显。

圈定的93号、88号、89号综合异常分别反映了矿洞子铅锌矿和六道沟铜钼矿矿致系统,是主要预测区。94号综合异常反映矿洞子铅锌矿矿致系统的外围重砂异常分布模式,是外围铅锌的找矿靶区。此外,87号、90号综合异常对金矿点有积极支撑,具有找矿意义。具体见图4-4-12。

12个重砂异常区带具有不同的重砂矿物组合和异常特征。总体上看,自然金、白钨矿、锡石、黄铁矿、毒砂异常可指示岩浆热液型的金矿、铜矿、白钨矿。对沉积成因和变质成因矿床,重砂矿物组合较复杂,具有明显指示作用的往往是成矿矿物,如风化沉积的砂金矿,只有自然金异常反映;热液变质成因的金矿,一般自然金、黄铁矿异常具有代表性。辰砂异常呈带状分布,而且集中分布在断裂构造发育处,如夹皮沟金矿田近东西向的韧性剪切带,山门银矿北东向的控矿断裂等。因此,辰砂矿物异常对指示断裂裂隙系统有帮助。

吉林省地台区和地槽区的重砂异常分布具有明显不同,台区处于大地构造的抬升阶段,为陆相构造单元,重砂矿物遭剥蚀强烈,在汇水盆地中的异常规模小,而且不发育。而槽区处于下降阶段,为海相沉积构造单元,矿物剥蚀量较少,在汇水区域的重砂矿物异常规模较大,矿物含量级别亦较高。

反映基性-超基性岩体的橄榄石、辉石、磁铁矿重砂异常,在空间上与实际分布的铁镁质岩体存在叠合现象,表明应用橄榄石-辉石-磁铁矿重砂组合异常,对分析深部幔源成因的镍矿、铬铁矿的成矿地质环境有一定的指示作用。

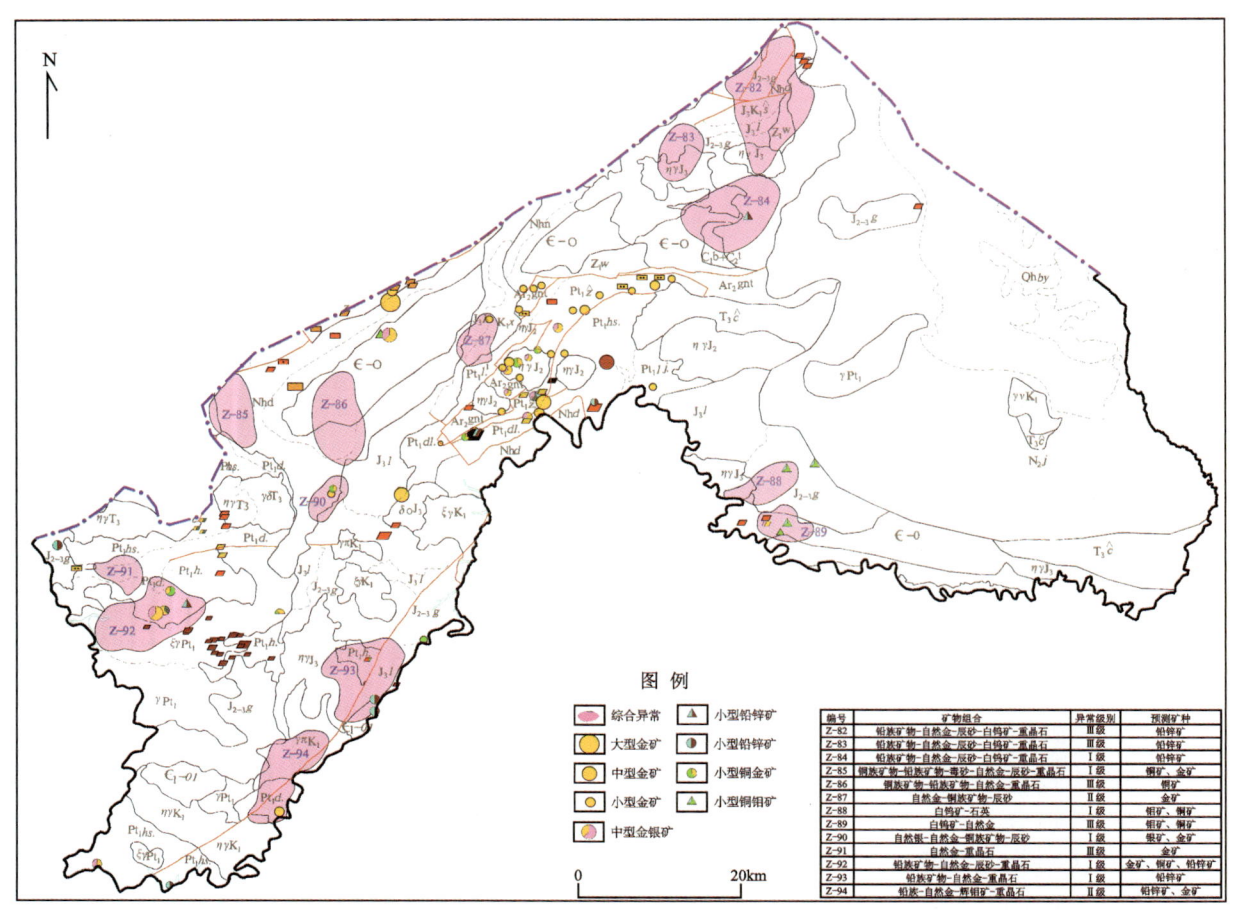

图 4-4-12　营口-长白（次级隆起、Pt_1 裂谷）自然金、铜族矿物、白钨矿、辰砂异常区带重砂综合异常图

重晶石异常主要分布在吉林省南部的荒沟山一带，规模较大，反映碳酸盐沉积环境，对指示沉积变质成因的金矿、铅锌矿有重要作用。研究表明，南部的古马岭金矿、郭家岭铅锌矿至北侧的南岔金矿、荒沟山铅锌矿、金矿，成矿地质背景均为元古宇的火山碎屑岩-碳酸盐岩沉积，岩浆活动频繁，产生了强烈的区域变质作用。因此，该区域的金矿、铅锌矿具有复杂的多成因特征。

第五节　预测工作区自然重砂矿物组合异常特征

吉林省划分的 80 个预测工作区共预测了金、银、铜、铅、锌、镍、钨、钼、稀土、硼、铬、硫 12 个矿种的自然重砂矿物异常特征。对重复的工作区以及矿种合并描述，预测工作区的重砂矿物组合主要是依据预测的矿种、典型矿床中出现的重砂矿物以及 1∶5 万单矿物重砂异常在预测工作区空间上的套合程度进行选择，同时结合矿物含量分级，将重点预测工作区的重砂组合异常由高到低划分为 Ⅰ 级、Ⅱ 级、Ⅲ 级。有部分预测工作区重砂矿物稀少，没有圈出组合，只对主成矿物重砂异常进行评价。需要说明的是，由于对预测矿种具有直接找矿指示作用的重砂矿物，如自然银、镍黄铁矿、辉钼矿等报出率低，在汇水区域异常分布稀少，使得指示效应大打折扣。因此，选择和预测矿种共伴生关系紧密的重砂矿物（自然金、黄铁矿、白钨矿等），并依据这些矿物在预测工作区中表现出来的异常特征（组合异常特征），对主要预测矿种进行评价和预测。具体见表 4-5-1。

表 4-5-1 预测工作区矿物组合异常分布特征一览表

预测工作区	矿物组合	异常数	异常形态	异常面积/km²	矿物含量分级	异常级别	预测矿种
山门	自然金、铅族矿物、白钨矿、辰砂、黄铁矿	3	不规则状,轴向近北东	23.27	3—4级为主	Ⅰ级	Ag(Au)、Ni
				7.46	3级为主	Ⅲ级	
				13.81			
	铜族矿物	1	近椭圆状,轴向北西	2.33	1—2级为主	Ⅰ级	Ni(Cu)
放牛沟	自然金、白钨矿、黄铁矿、磷灰石	1	近椭圆状,轴向近北东向展布	82.9	3—4级为主	Ⅱ级	Pb、Zn、S
兰家	自然金、辰砂、黄铁矿	2	等轴状	1.66	1—2级为主	Ⅱ级	Au
				0.92	1—2级为主		
季德屯-福安堡	独居石、钍石、锡石、白钨矿	2	不规则状,轴向北东	47.27	2—3级为主,最高4—5级	Ⅲ级	稀土、Sn、Mo
				78.10			
火炬丰	磁铁矿、黄铁矿、磷灰石	1	不规则状,轴向近北东	120.53	2—3级为主,最高4—5级	Ⅲ级	Fe
塔东	磁铁矿、磷灰石、自然金	1	条带状,轴向东西	20.39	3级为主	Ⅲ级	Fe
头道沟-吉昌	磁铁矿、磷灰石	1	条带状,轴向北东	316.00	3—4级为主	Ⅱ级	Au、Fe
地局子-倒木河	自然金、白钨矿、毒砂	1	条带状,轴向北东	7.18	3—4级为主	Ⅰ级	Au、Cu
石嘴-官马	铜族矿物、自然金、辰砂、毒砂	2	不规则状,轴向近东西	26.14	4级为主	Ⅱ级	Au、Cu
				8.10			
红旗岭	磁铁矿、铜族矿物、橄榄石、辉石	2	不规则状	2.68	4—5级为主	Ⅲ级	Ni、Cu
				8.50			
大梨树沟-红太平	铜族矿物、自然金、白钨矿、黄铁矿	2	椭圆状	2.13	1—2级为主	Ⅲ级	Ag
				1.90			
天宝山	铅族矿物、铜族矿物、白钨矿、辰砂、自然金	1	近椭圆状,轴向北西	1.03	3—4级为主	Ⅰ级	Cu、Pb、Zn、Ag
五凤	自然金、白钨矿、辰砂、泡铋矿	4	不规则状,轴向北西	25.08	3—4级为主	Ⅰ级	Au
				8.91		Ⅲ级	
				20.77			
				12.33			
闹枝-棉田	自然金、铅族矿物、铜族矿物、白钨矿、辰砂	3	近椭圆状,轴向东西	44.03	4—5级为主	Ⅰ级	Au、Cu
			不规则状,轴向北西	12.12			
			不规则状,轴向北西	20.05	3—4级为主	Ⅱ级	

续表 4-5-1

预测工作区	矿物组合	异常数	异常形态	异常面积/km²	矿物含量分级	异常级别	预测矿种
刺猬沟-九三沟	自然金、辰砂、毒砂、泡铋矿	3	不规则状,轴向北西	16.98	4—5 级为主	Ⅰ级	Au、Cu
				30.12			
			长条状,轴向南北	12.5	3—4 级为主	Ⅲ级	
黄松甸子	自然金	3	不规则状,轴向北东	13.68	4—5 级为主	Ⅰ级	Au、Cu
				7.30			
			近椭圆状,轴向北东	1.21	3 级为主	Ⅲ级	
小西南岔-杨金沟	自然金、白钨矿、黄铁矿	2	不规则状,轴向北东	9.01	3—4 级为主	Ⅰ级	Au、Cu
			近椭圆状,轴向北西	5.61		Ⅲ级	
农坪-前山	自然金、白钨矿、黄铁矿	1	不规则状,轴向北东	50.76	3—4 级为主	Ⅱ级	Au、Cu
珲春河流域	自然金、白钨矿、黄铁矿	1	不规则状,轴向北东	27.94	3—4 级为主	Ⅰ级	Au
杜荒岭	自然金、白钨矿、磷灰石	1	不规则状,轴向北东	14.26	3—4 级为主	Ⅰ级	Au
石棚沟-石道河子	自然金、白钨矿、黄铁矿	2	椭圆状,轴向北东	1.12	3 级为主	Ⅲ级	Au
			不规则状,轴向北西	3.43			
天合兴-那尔轰	自然金、白钨矿、独居石、黄铁矿	1	近椭圆形,轴向北东	125.43	4—5 级为主	Ⅰ级	Cu、Au、Mo
夹皮沟-溜河	自然金、白钨矿、独居石、黄铁矿	5	条带状,轴向近东西	37.24	4—5 级	Ⅰ级	Cu、Au、Ni
			条带状,轴向近东西	23.40			
			条带状,轴向北西	8.01			
			不规则状,轴向北西	7.61	3—4 级	Ⅱ级	
			条带状,轴向近北西	10.90			
	(铜族矿物)、磁铁矿、橄榄石、辉石	2	等轴状	0.69	1—2 级为主	Ⅲ级	Ni(Cu)
				0.53			

续表 4-5-1

预测工作区	矿物组合	异常数	异常形态	异常面积/km²	矿物含量分级	异常级别	预测矿种
万宝	自然金、白钨矿、辰砂、黄铁矿	1	不规则状,轴向南北	17.91	3—4级	Ⅲ级	Cu、Au
西北岔	独居石、磷钇矿、自然金	2	长条状,轴向北东	2.72	3—4级	Ⅲ级	稀土
			近椭圆状,轴向北东	1.50	4—5级为主	Ⅰ级	
海沟	自然金、白钨矿、独居石、黄铁矿	1	长条状,轴向北西	25.22	3—4级	Ⅲ级	Au
金城洞-木兰屯	自然金、辰砂、黄铁矿	2	长条状,轴向北东	11.36	4—5级	Ⅰ级	Au、Cu
			不规则状,轴向北东	10.33	3—4级	Ⅲ级	
长仁-獐项	磁铁矿、黄铁矿、白钨矿、铅族矿物	1	不规则状,轴向北东	115.84	3—4级	Ⅱ级	Cu(Ni)
金谷山-后底洞	自然金、辰砂、独居石、黄铁矿	4	不规则状,轴向北东	12.64	3—4级	Ⅱ级	Au
			近椭圆形,轴向北东	8.56	2—3级为主	Ⅱ级	
			不规则状,轴向北西	19.25			
			椭圆形,轴向北西	6.32			
二密-老岭沟	铜族矿物、毒砂、重晶石	1	长条状,轴向北东	10.93	3—4级	Ⅱ级	Cu、Au
赤柏松-金斗	自然金、铜族矿物、辰砂、重晶石、磁铁矿、辉石	3	近椭圆状,轴向北东	2.11	3—4级	Ⅰ级	Ni(Cu)
				1.33			
				2.97		Ⅲ级	
金厂镇	自然金、铜族矿物、铅族矿物、重晶石	1	不规则状,轴向北东	109.47	4—5级	Ⅰ级	Au
正岔-复兴屯	自然金、铅族矿物、重晶石	2	不规则状,轴向北东	9.19	3—4级	Ⅰ级	Au、Cu、Pb、Zn
				4.32	2—3级为主	Ⅲ级	

续表 4-5-1

预测工作区	矿物组合	异常数	异常形态	异常面积/km²	矿物含量分级	异常级别	预测矿种
矿洞子-青石镇	铅族矿物、自然金、辉钼矿、重晶石	1	长条状,轴向北东	1.58	2—3级为主	Ⅲ级	Pb、Zn
热闹-青石	(自然银)、自然金、白钨矿、毒砂	1	椭圆状	0.49	1—2级为主	Ⅲ级	Ag(Au)
热闹-青石	黄铁矿	6	不规则状	1.66 2.60 5.51 22.19 11.79 22.37	4—5级	Ⅲ级	S
大营-万良	自然金、铅族矿物、白钨矿、辰砂、重晶石	1	不规则状,轴向北东	2.74	3—4级	Ⅲ级	Pb、Zn
八台岭-孤店子	自然金、白钨矿、黄铁矿	1	椭圆状,北东展布	4.18	1—2级	Ⅲ级	Ag(Au)
民主屯	自然金、白钨矿、黄铁矿	1	不规则状,轴向北东	4.13	1—2级为主	Ⅲ级	Ag(Au)
西林河	自然金、白钨矿、黄铁矿	3	椭圆状或不规则状,轴向北东	0.64 4.17 1.27	1—2级为主	Ⅲ级	Ag(Au)
百里坪	自然金、白钨矿、黄铁矿	3	椭圆状或不规则状	3.59 1.96 1.53	1—2级或3—4级	Ⅲ级	Ag(Au)
上甸子-七道岔	自然金	3	椭圆状	1.56 1.39 1.36	1—2级为主	Ⅲ级	Ag(Au)
大山咀子	磁铁矿、橄榄石、辉石	2	等轴状	1.43 1.25	3—4级为主	Ⅲ级	Ni
漂河川	铜族矿物	2	等轴状	1.32 0.48	1—2级为主	Ⅲ级	Ni(Cu)

续表 4-5-1

预测工作区	矿物组合	异常数	异常形态	异常面积/km²	矿物含量分级	异常级别	预测矿种
荒沟山-南岔	铜族矿物	4	不规则状	1.49	1—2级为主	Ⅲ级	Ni(Co)、Au
				2.86			
				2.98			
				2.04			
大石河-尔站	白钨矿、锡石	4	不规则状	2.68	3—4级为主	Ⅲ级	Mo
				1.52			
				2.36			
				1.47			
前撮落-火龙岭	白钨矿、锡石、辉钼矿、(铜族矿物)	1	不规则状,轴向北西	3.45	3—4级为主	Ⅲ级	Mo(Cu)
倒木河-头道沟	黄铁矿	1	不规则状	9.98	3—4级	Ⅲ级	硫铁矿
刘生店-天宝山	辉钼矿	3	不规则状,轴向北西展布	6.04	1—2级为主	Ⅲ级	Mo(Cu)
				1.63			
				9.04			
六道沟-八道沟	白钨矿	1	长条状或不规则状	4.75	4—5级	Ⅰ级	Mo(Cu)
				4.97			
开山屯	铬铁矿	4	不规则状,轴向北西展布	1.93	4—5级	Ⅱ级	铬铁矿
				4.62			
				0.89			
				1.28			
头道沟	铬尖晶石	6	不规则状,轴向北东展布	3.99	4—5级	Ⅱ级	铬铁矿
				3.13			
				0.97			
				3.07			
				1.14			
				4.72		Ⅱ级	
西台子	黄铁矿	3	不规则状	7.55	4—5级	Ⅰ级	硫铁矿
				2.42		Ⅲ级	
				4.71			
上甸子-七道岔	黄铁矿	1	不规则状	3.81	4—5级	Ⅲ级	硫铁矿
高台沟	橄榄石	2	等轴状	2.85	1—2级	Ⅱ级	硼矿
				3.55		Ⅲ级	

总结表 4-5-1 可知，Ⅰ级组合异常 21 个；Ⅱ级组合异常 12 个；Ⅲ级组合异常 39 个。Ⅰ级、Ⅱ级组合异常与吉林省的典型矿床、矿点的分布及预测工作区的成矿地质背景、成矿地质条件关系密切。此外对重砂矿物分布稀少、难以形成矿物组合的预测工作区，在表中未列出，而是以主要预测矿种的单矿物重砂异常为代表在以下进行文字描述。萤石预测工作区没有相关重砂显示，对萤石找矿预测不支持。

现就预测工作区内的重砂异常分别进行解释评价。

1. 山门预测工作区

工作区位于张广才岭-哈达岭火山-盆地区，大黑山条垒火山-盆地群大地构造单元内，属于台地森林草原带。

区内地层出露复杂，主要有寒武系—奥陶系和志留系，岩性有西堡安组角闪质岩石，黄莺屯组酸性火山-沉积岩。此外还分布有奥陶系石缝组海相中酸性火山岩、碎屑岩和灰岩，志留系桃山组海相火山岩和细碎屑岩，构成综合成矿建造系列。岩浆活动频繁，以海西晚期和燕山早期最强烈，其次为印支期。北东向、北西向的次一级断裂构造发育。

分布山门金银矿，叶赫头道沟金矿点。

区内圈出自然金异常 5 处，Ⅰ级 1 处（5 号），Ⅲ级 4 处（1 号、2 号、3 号、4 号）。其中以 5 号异常规模最大，山门金银矿及金、银矿点均分布在 5 号异常的周围，表明 5 号自然金异常与矿化关系密切，是优良的矿致异常。1 号、2 号、3 号、4 号自然金异常规模较小，轴向北北东，呈条带状分布在工作区的北侧。其存在的地质条件继承了 5 号自然金异常所表现出的背景，并且其水系上游亦存在铜-铅-锌的矿化点，具有一定的矿化异常迹象，值得重视。

铅族矿物异常圈出 2 处，Ⅰ级 1 处（2 号），Ⅱ级 1 处（1 号）。2 号铅族矿物异常与 5 号自然金异常在空间上有一定的叠加，是矿致异常。1 号铅族矿物异常以哑铃形状分布在预测工作区的东北侧，空间上与 1 号、2 号、3 号、4 号自然金异常相呼应。

自然金、铅族矿物是区内寻找银金矿床的重要指示性矿物。

铜族矿物圈出 1 处Ⅰ级重砂异常，面积 2.33km²，空间上与山门镍矿积极响应，是矿致异常。作为主要伴生矿物，对评价镍矿具有直接指示意义。异常形态显示，山门铜镍矿处于剥蚀初期，矿物剥蚀量不大，搬运沉积也不是很强。物探资料显示，在工作区的西侧分布有 2 个推断的基性-超基性岩体，并有橄榄石、辉石重砂异常响应，是外围找矿预测的重要地段。

工作区内代表的矿物组合为自然金、铅族矿物、白钨矿、辰砂，组成 1 个Ⅰ级组合异常，2 个Ⅲ级组合异常。前者单矿物异常套合程度较好，矿物含量分级较高，规模较大，而且分布在山门 A 级找矿远景区内的石缝组与印支期、燕山期侵入岩体的接触带上，显示优良的矿致性质，找矿指示作用明显。2 个Ⅲ级组合异常分布在山门金银矿的东北部，于水系上游展示，表明该处是寻找相同类型银金矿的有利地段。

总之，自然金、铅族矿物、白钨矿、辰砂矿物组合可作为山门预测工作区热液型金、银找矿的重要重砂标志，而铜族异常对评价铜镍矿有意义。

2. 放牛沟预测工作区

工作区处于大黑山条垒的中南段。属台地、丘陵森林景观地带，水系不甚发育。

主要分布奥陶系放牛沟组变质中酸性火山岩、碎屑岩夹大理岩，其次为志留系桃山组、石缝组板岩、变质砂岩以及弯月组的变质火山岩。沉积岩建造主要由白垩系砂岩和第四系覆盖层构成。岩浆活动频繁，侵入体以加里东晚期的花岗闪长岩和燕山早期的花岗岩为主。北东向、北西向的次一级断裂构造发育。

矿产为放牛沟多金属硫铁矿床以及金矿点、铜铅锌矿点、铁矿点,矿化点多处。

从矿物分级图上看,自然金、白钨矿、辰砂、铜族矿物、铅族矿物等矿物含量分级较低,重砂异常弱且分散,对寻找金矿、多金属矿有指示意义。磁铁矿、黄铁矿、磷灰石矿物含量分级好,异常规模较大,尤以黄铁矿、磷灰石表现突出。代表的重砂矿物组合为自然金、白钨矿、磁铁矿、黄铁矿、磷灰石,圈出1处中等规模的组合异常,异常形态近椭圆形,轴向近北东向展布,而且与区内金、铜铅锌及铁矿点紧密相邻,显示有一定的矿致性质。

寻找硫铁矿的直接指示矿物黄铁矿圈出1个重砂异常,面积为10.08km²,等轴状。该异常分布在放牛沟硫铁矿的外围区域,对矿致系统不支持,可用于系统外围的找矿预测。

资料显示磷灰石是铁矿的主要共生矿物,白钨矿、磁铁矿、黄铁矿均可存在于与火山作用有关的热液矿床中。因此,我们认为自然金、白钨矿、磁铁矿、黄铁矿、磷灰石矿物组合可为在放牛沟预测工作区寻找金、铅锌硫铁矿床提供重要的重砂预测信息。

3. 兰家预测工作区

工作区位于晚三叠世—新生代华北叠加造山-裂谷系(Ⅰ)小兴安岭-张广才岭叠加岩浆弧(Ⅱ)张广才岭-哈达岭火山-盆地区(Ⅲ)大黑山条垒火山盆地群(Ⅳ)内。

区内主要分布有石炭系的碳酸盐岩建造;下二叠统哲斯组砂岩,上侏罗统安灵组中酸性火山岩、凝灰岩以及下白垩统营城组(K_1y)中酸性火山岩、碎屑岩夹煤层。侵入岩体主要为燕山期的二长花岗岩、花岗闪长岩和花岗斑岩。发育北东向断裂构造。表现出优良的成矿条件。

分布的矿产主要是砂卡岩型兰家金矿。

重砂矿物有自然金、辰砂、黄铁矿等。其中,自然金异常2处,矿物含量分级较低,面积为1.66km²、0.92km²,评定为Ⅱ级,分布在兰家金矿外围。建造构造图显示,自然金异常上游为含金碳酸盐岩建造,指示异常的矿致特征。

辰砂异常圈出1处,矿物含量分级较低,规模中等,评定为Ⅲ级。

黄铁矿异常圈出1处,矿物含量分级较低,规模较小,评定为Ⅲ级。

自然金-辰砂-黄铁矿重砂组合异常场对矿致系统外围寻找评价有重砂指示作用。

4. 季德屯-福安堡预测工作区

工作区处于东北叠加造山-裂谷系(Ⅰ)小兴安岭-张广才岭叠加岩浆弧(Ⅱ)张广才岭-哈达岭火山-盆地区(Ⅲ)南楼山-辽源火山-盆地群(Ⅳ)构造单元内。

主要出露的是印支期花岗岩类侵入岩体,岩性有花岗闪长岩、二长花岗岩以及斜长花岗岩、石英闪长岩。而海西期的斜长花岗岩和石英闪长岩以分布在矿区外围为主。其中,印支期的二长花岗岩与石英闪长岩的接触带即为矿体赋存部位。

控岩构造为区域上北东向的新安-额穆断裂、北西向的八道岭-上营断裂以及南蛮子沟-北二青顶子断裂。控矿构造为北西向的一组断裂构造。

典型矿床为季德屯斑岩型钼矿、福安堡钼矿。

具备直接指示作用的辉钼矿没有重砂异常,选择紧密共生的白钨矿加以评价。

白钨矿圈出1个异常,面积为8.63km²,矿物含量分级较高,分布在季德屯钼矿和福安堡钼矿控制水域的下游,地质背景为与成矿关系密切的印支期二长花岗岩,异常显示矿致性,对预测斑岩型钼矿有重要的指示意义。

根据以往人工重砂资料得知,在印支期的二长花岗岩、碱长花岗岩以及英云闪长岩中,锡石亦存在重砂异常,对预测钼矿有间接指示作用。

白钨矿-锡石组合异常有1个,分布在季德屯钼矿的西侧下游控制水域,面积3.38km²,是预测季德屯式斑岩型钼矿的有望异常。需要说明的是,该组合异常中白钨矿的含量水平很低,在八卦图中占据次要地位,主要以锡石异常为主。

此外,根据以往人工重砂资料得知,在印支期的二长花岗岩、碱长花岗岩以及英云闪长岩中,独居石、钍石、锡石重砂异常都有显示,其次为磷钇矿。构成的组合异常2处,矿物含量分级以2—3级为主,中等规模,评定为Ⅲ级组合异常。比较化探异常,独居石、钍石、锡石、磷钇矿重砂组合异常与La、Tn、Y、Sn元素异常空间吻合程度很高,而且La、Tn、Y、Sn元素异常强度高,异常分带清晰。因此,推测在该预测工作区存在寻找锡矿、钼矿以及稀土矿的可能。

5. 地局子-倒木河预测工作区

该区所处的大地构造环境与福安堡预测工作区相同。

区内主要分布古生界寒武系黄莺屯岩组变粒岩与大理岩互层夹斜长角闪岩,构成变质岩建造。火山岩建造由中生界侏罗系的玉兴屯组砂砾岩、流纹质-安山质火山碎屑岩(含Cu),南楼山组安山岩、凝灰质角砾岩、流纹岩(含Cu)以及白垩系安民组安山岩构成。沉积岩建造主要由石炭系、二叠系的砂岩、灰岩和凝灰岩构成。侵入岩体以海西晚期辉长岩、二长花岗岩以及燕山期的闪长岩、花岗岩类为主。发育北东向、北西向及近南北向的断裂构造。其中寒武系黄莺屯岩组的变质岩建造,中生界侏罗系玉兴屯组、南楼山组的火山岩建造以及燕山期的闪长岩、花岗闪长岩建造是主要的成矿建造,而控矿构造即为北东向、北西向及近南北向的断裂构造。矿化蚀变主要有黄铁矿化、褐铁矿化、硅化、高岭土化等。分布的矿产较多,有桦甸前进屯铜矿、五里河镇朝阳村铜矿、香水河子铜矿、桦甸新立屯多金属矿、地局子铅锌矿、二道林子铅锌矿点等。

从分级图上看,自然金的矿物含量分级较低,分级点稀少,可圈出1个Ⅰ级异常,2个Ⅲ级异常。其中,Ⅰ级自然金异常与倒木河金矿积极响应,是矿致异常,对外围找矿有重要的指示意义。2个Ⅲ级异常分布在倒木河金矿的西侧、南侧,对区域内寻找相同类型金矿有指导作用。

白钨矿、毒砂、锡石有较好的异常反映。由自然金、白钨矿、毒砂圈出的组合异常有1处,规模较小,为Ⅰ级组合异常,倒木河金矿落位其中。因此,推断自然金、白钨矿、毒砂可作为在该工作区寻找金矿、钨钼矿及铜铅锌多金属矿的标型矿物组合。

6. 石嘴-官马预测工作区

工作区位于南华纪—中三叠世天山-兴安-吉黑造山带(Ⅰ)包尔汉图-温都尔庙弧盆系(Ⅱ)下二台-呼兰-伊泉陆缘岩浆弧(Ⅲ)磐华上叠裂陷盆地(Ⅳ)内的明城-石嘴向斜东翼。

工作区内发育古生界寒武系、奥陶系,构成变质岩建造,由中生界上石炭统窝瓜地组、三叠系四合屯组和侏罗系的玉兴屯组、南楼山组构成的火山岩建造,以及由下石炭统鹿圈屯组、上石炭统石嘴子组以及二叠系寿山沟组构成的沉积岩建造。与成矿有关的岩性主要是沉积岩建造中的石炭系鹿圈屯组、石嘴子组灰岩。侵入岩以燕山早期花岗岩为主。区内断裂构造发育。分布的石嘴铜矿、官马金矿、驿马锑矿等均产在石炭系灰岩与花岗岩内、外接触带上,成矿类型有火山岩型金矿、铜矿以及岩浆热液型锑矿,此外,有金矿点、铜矿点、银点、锑矿化点多处。

区内主要的重砂矿物有铜族矿物、自然金、辰砂、毒砂、黄铁矿等。用于评价锑矿的重砂矿物辉锑矿没有异常反映。

自然金异常圈出2处,为Ⅱ级异常,不规则形态,面积分别为26km²、8km²。其中,金1重砂异常分布在官马金矿、官马上鹿村金矿点、烟筒山粗榆金矿点所在水系的上游,与金矿(点)关系密切,推测是矿致异常。

铜族矿物圈出1处Ⅰ级重砂异常,不规则状,面积为4.27km²,石嘴铜矿落位其中。2处Ⅲ级异常,长条状,矿物含量分级较低,分布在石嘴铜矿的西北部。

铜族矿物和自然金异常均落位在石炭系鹿圈屯组和石嘴组上,并有燕山早期花岗岩侵入。由岩相构造图可知,鹿圈屯组含有Au,石嘴组含有Cu,而且铜族矿物和自然金异常与区内的典型矿床空间关系密切,依此表明重砂异常具有矿致性,同时推测鹿圈屯组和石嘴组可能是区内金、铜矿源层。

辰砂有3处异常,其中Ⅰ级2处(1号、3号),Ⅲ级1处(2号)。不规则形态,面积分别为28km²、32km²、3km²。空间上与金矿、铜矿积极响应,是矿致异常。

毒砂圈出1处Ⅱ级异常,长条状,面积15km²。石嘴铜矿落位其中,显示优良矿致性。

黄铁矿圈出4处异常,其中Ⅰ级2处(2号、3号),Ⅱ级1处(1号),Ⅲ级1处(4号)。不规则形态,面积分别为6km²、42km²、10km²、15km²。2处Ⅰ级重砂异常,矿物含量分级好,空间上与金矿、铜矿、锑矿积极响应,是矿致异常。

矿物组合以铜族矿物、自然金、辰砂、毒砂为主,共圈出2处Ⅱ级组合异常,矿物含量分级以3—4级为主,中等规模,并与铜族矿物和自然金异常具备相同成矿背景和成矿条件。

结论:以上重砂异常矿致性质明显,其单矿物和组合矿物异常对矿床外围以及水系上游地段找相同类型的金矿、铜矿有直接指示意义,可提供重要的重砂找矿信息。

7. 石棚沟-石道河子预测工作区

该区处在中朝准地台(亚Ⅰ级)辽东台隆(Ⅱ级)铁岭-靖宇台拱构造单元内。

工作区出露的地层主要有中太古界杨家店组(Ar_2y)黑云片麻岩夹斜长角闪岩、英云闪长质片麻岩(Ar_2gnt)构成的变质岩建造。其中,杨家店组英云闪长质片麻岩含有Au。火山岩建造由下白垩统安山岩、中新统的玄武岩构成。沉积岩建造主要由南华系、下白垩统砂岩及第四系冲积物构成。侵入岩体则以新太古代变质二长花岗岩、古元古代变质辉长岩-辉绿岩及燕山晚期的石英闪长岩、碱长花岗岩为主。敦密断裂北东向穿越本区,同时发育次一级断裂构造。分布有石朋沟金矿和多处金矿点。

自然金异常有6处,Ⅱ级2处(5号、6号),Ⅲ级4处(1号、2号、3号、4号)。石棚沟-石道河子预测工作区建造构造图显示,2号、3号、4号、5号、6号自然金异常上游分布有杨家店组含Au地层和大面积的含Au英云闪长质片麻岩,以此推测自然金异常与该两组地层有关。

白钨矿有2处异常,Ⅱ级1处(1号),Ⅲ级1处(2号),带状和不规则状,面积为96km²、21km²。

辰砂有2处异常,Ⅱ级1处(2号),Ⅲ级1处(1号),不规则状,面积为57km²、18km²。其中Ⅱ级异常与金矿积极响应,矿致异常明显。

黄铁矿有8处异常,Ⅰ级1处(1号),Ⅱ级1处(6号),Ⅲ级6处(2号、3号、4号、5号、7号、8号)。其中Ⅰ级异常呈带状分布,面积113km²,与金矿积极响应,是矿致异常。

由自然金、白钨矿、黄铁矿组成的重砂组合异常圈定2个Ⅲ级异常,规模较小,矿物含量分级以3—4级为主。两个组合异常都分布在含Au英云闪长质片麻岩内,表明重砂组合异常和自然金异常都具备矿化性质。

结论:以上重砂异常和重砂组合异常可为在预测工作区内寻找绿岩型金矿提供重砂依据。

8. 红旗岭预测工作区

工作区位于天山-兴蒙-吉黑造山带(Ⅰ)包尔汉图-温都尔庙弧盆系(Ⅱ)下二台-呼兰-伊泉陆缘岩浆弧(Ⅲ)盘桦上叠裂陷盆地(Ⅳ)内。

区内主要出露呼兰群片岩及大理岩变质建造(原岩为志留系—泥盆系海相砂页岩和泥灰岩)。这套岩群中分布着海西期侵入的以橄榄岩、辉岩、辉长岩为主要成分的大小不等的基性-超基性岩体,铜镍矿即产于这些岩体中。其次分布着中基性的安山岩、安山质凝灰岩建造。岩浆活动强烈。区内次级的北东向、北西向共轭断裂构造发育。

主要矿物组合有磁黄铁矿、镍黄铁矿、黄铜矿、紫硫镍矿和黄铁矿，其次是砷镍矿、红砷镍矿、磁铁矿、方铅矿、墨铜矿、砷镍矿、辉钼矿和钛铁矿等。

分布的矿产有大型红旗岭铜镍矿床，金矿点、铜矿点、镍矿点多处。

该区要预测的矿种为铜镍矿，由于具备直接指示作用的镍黄铁矿没有重砂异常反映。因此，选择以下重要的伴生矿物异常进行评价。

铜族矿物有 1 处异常，面积 $1.08km^2$，分布在典型矿床的北侧汇水区域，没有矿致源直接响应，对红旗岭铜镍矿不支持。由其地质背景可知，异常可能与其落位处的燕山期花岗岩类侵入体有关，与之相邻的北侧水域尚分布有火龙岭钼矿。因此，该铜族矿物异常对预测斑岩型钼（铜）矿有一定意义。

以往的研究成果表明，在典型矿床控制的汇水区域，黄铁矿、磁铁矿均有重砂异常存在，而且矿物含量分级较高，与分布的铁镁质-超铁镁质岩体也有一定程度的响应，应是区内铜镍找矿的重要指示异常。

白钨矿、辰砂异常的出现指示铜镍矿经历了高—中—低温的成矿环境。

由磁铁矿-橄榄石-辉石构成的组合异常有 2 个，和红旗岭铜镍矿分布在同一汇水区域中，而追索其源头是海西晚期的基性-超基性岩体。因此，该组合异常可以指示与成矿关系密切的基性-超基性的地质背景，利于找矿预测。

9. 漂河川预测工作区

工作区位于天山-兴蒙-吉黑造山带（Ⅰ）包尔汉图-温都尔庙弧盆系（Ⅱ）下二台-呼兰-伊泉陆缘岩浆弧（Ⅲ）盘桦上叠裂陷盆地（Ⅳ）内。

主要出露寒武系的黑云斜长变粒岩和角闪斜长变粒岩以及奥陶系的大理岩，二叠系的黑云石英片岩、绿泥阳起片岩、斜长角闪片岩及长英质岩等，构成变质岩建造。其次为白垩系安山岩、上新世橄榄玄武岩建造。侵入岩以印支期的辉长岩及燕山期的花岗岩类为主。发育北东向断裂。

出现的金属矿物有磁黄铁矿、镍黄铁矿、黄铜矿、紫硫镍铁矿、黄铁矿、黝铜矿、辉石等。

分布的矿产主要为漂河川镍矿。

铜族矿物异常圈出 2 处，面积分别为 $1.32km^2$、$0.48km^2$，对漂河川镍矿没有支持作用。其形成可能与中酸性岩浆活动有关。

与镍矿关系密切的黄铁矿、磁铁矿在区内含量分级较低，异常较弱，指示效果不明显。

反映基性-超基性岩体的橄榄石、辉石，在漂河川镍矿控制汇水区域亦无明显重砂异常显示。

总之，该工作区主要重砂矿物分布稀少，异常呈弱势，对预测镍矿难以提供必要重砂信息。

10. 大梨树沟-红太平预测工作区

工作区处天上-兴蒙-吉黑造山带（Ⅰ）小兴安岭-张广才岭弧盆系（Ⅱ）放牛沟-里水-五道沟陆缘岩浆弧（Ⅲ）汪清-珲春上叠裂陷盆地（Ⅳ）北部。

区内主要分布新太古界万宝组片岩夹大理岩，杨木岩组片岩、变粒岩夹大理岩，构成变质岩建造。火山岩建造主要由中生代的安山岩、安山质火山碎屑岩及流纹岩构成，与成矿关系密切。而上古生界二叠系庙岭组砂岩夹灰岩，中生界三叠系、白垩系砂岩、粉砂岩构成的是区内的沉积岩建造。岩浆活动频繁，主要是海西期的二长花岗岩和燕山期的花岗闪长岩、二长花岗岩和花岗斑岩，其次为印支期花岗闪长岩、二长花岗岩。断裂构造以北东向、北西向为主。

金属矿物有闪锌矿、黄铜矿、斑铜矿、方铅矿、银黝铜矿、毒砂、黄铁矿、辉锑矿。

分布的矿产有小型汪清红太平铜铅锌多金属矿，汪清头道沟金矿点。

主要重砂矿物自然金圈出 7 处异常（1 号、2 号、3 号、4 号、5 号、6 号、7 号）。其中，1 号分布在红太平多金属矿控制的汇水区域，空间上与 Ag 化探异常吻合，认为 1 号异常的形成应与多金属矿化有关。追索其源头可预测与火山岩建造有关的伴生银矿。

2 号、5 号异常没有矿致源响应，为未知异常。结合地质背景可知，二者分别落位在花岗岩、花岗闪长岩带，与二叠系、侏罗系的火山岩有关。由此推测 2 号、5 号自然金异常对指示伴生银矿有作用。

3 号、4 号、6 号、7 号异常围绕汪清头道沟金矿分布，均处于水系下游，异常与金成矿关系密切。地质背景亦主要是火山岩建造和燕山期花岗岩侵入体，而且有较好的 Ag 化探异常响应。根据这些依据推测 3 号、4 号、6 号、7 号重砂异常具有矿致性，对寻找火山岩型金银矿存在重要的指示作用。

铜族矿物圈出 1 个Ⅲ级异常，面积为 2.51km^2，落位在红太平铜铅锌多金属矿所在水系的下游，具备一定的矿致性质，对扩大找矿有重要指示作用。铅族矿物没有异常反映。

以自然金、白钨矿、黄铁矿为代表的组合异常有 2 处，分别与 5 号、6 号自然金叠加，显示除自然金以外，白钨矿、黄铁矿也是重要的找矿指示矿物。

总之，红太平找矿远景区具备优良成矿地质条件，在扩大多金属找矿规模受阻的情况下，加强对伴生银矿的评价预测应成为以后工作的重点。

11. 天合兴-那尔轰预测工作区

该区位于华北叠加造山-裂谷系（Ⅰ级）胶辽吉叠加岩浆弧（Ⅱ级）吉南-辽东火山-盆地区（Ⅲ级）柳河-二密火山-盆地群（Ⅳ级）构造单元内，属于安图-延吉中低山森林景观区，与天合兴 22 号找矿远景区相对应。

区内分布着以黑云变粒岩、斜长角闪岩以及英云闪长质片麻岩为主的中太古代变质表壳岩以及新太古代变质钾长花岗岩，构成大面积的太古代花岗-绿岩地质体，而该地质体是吉林省金的主要含矿层位；沉积岩和火山岩建造不甚发育，主要表现为早白垩世的砂砾岩和流纹岩；侵入岩建造以燕山期的花岗闪长岩、花岗斑岩为主；韧性剪切带是该区的主要控矿构造。分布有天合兴铜矿以及那尔轰铜（钼）矿。

该区主要的预测矿种为斑岩型铜矿，直接指示矿物铜族矿物没有异常反映，选择以下相关的伴生矿物加以评价。

自然金异常圈出 3 处，Ⅱ级 1 处（1 号），面积为 102.76km^2，形状不规则，轴向近北东。Ⅲ级 2 处（2 号、3 号），规模较小。建造构造图表明，1 号自然金异常背景主要为含金的中太古代变质表壳岩，其源头有金、铜矿产分布，是优良的矿致异常。

白钨矿有 3 处异常（1 号、2 号、3 号），条带状分布，面积分别为 9.75km^2、2.78km^2、15.85km^2。其中，1 号异常与那尔轰金银矿积极响应，且部分落位在那尔轰铜（钼）矿的下游汇水盆地，显示与那尔轰铜（钼）矿亦存在一定关联。因此，作为具备优良矿致性质的 1 号白钨矿异常，对指示金银矿、铜（钼）矿均有重要意义。

2 号、3 号白钨矿异常分布在天合兴铜（钼）矿的外围汇水区域，对天合兴铜（钼）矿不支持，亦没有其他矿致源和斑岩体响应，释放的矿化预测信息不明朗。

黄铁矿圈出 7 处异常，Ⅱ级 2 处（1 号、3 号），Ⅲ级 5 处（2 号、4 号、5 号、6 号、7 号），带状或不规则形状。其中 1 号异常与那尔轰铜矿积极响应，矿致异常非常明显。

独居石异常有 3 处，均为Ⅱ级，空间上与铜矿产紧密相邻。它的发育表明该区酸性岩浆活动频繁，利于斑岩型铜（钼）矿的形成。

工作区以自然金、白钨矿、独居石、黄铁矿组合为代表，圈定 1 个规模较大的Ⅰ级组合异常，矿物含量分级以 4—5 级为主，并与 1 号自然金异常具有相同的成矿背景，金矿点、铜矿点亦与之密切响应。同时,组合异常规模受北东向展布的韧性剪切带控制明显。

因此认为,天合兴-那尔轰预测工作区内的自然金、白钨矿、独居石、黄铁矿重砂矿物及其组合异常矿致性质明显,可为在本区寻找铜(钼)矿、金矿提供重要的重砂异常信息。

12. 夹皮沟-溜河预测工作区

该区处于前南华纪华北东部陆块(Ⅱ)龙岗-陈台沟-沂水前新太古代陆块(Ⅲ)夹皮沟新太古代地块(Ⅳ)内,处于辉发河-古洞河深大断裂向北突出弧形顶部。

区内主要出露太古宇龙岗岩群四道砬子河组(Ar_2sd)、杨家店组(Ar_2y)、英云闪长质片麻岩(Ar_2gnt);夹皮沟岩群老牛沟组(Ar_3ln)、三道沟组(Ar_3sd)以及元古宇色洛河群红旗沟组(Pt_3h)、达连沟组(Pt_3d),构成变质岩建造(原岩为古老的基性-超基性火山岩)。其中,英云闪长质片麻岩、老牛沟组、三道沟组含有Au。侵入岩体以阜平期、五台期变质二长花岗岩以及燕山期酸性花岗岩类为主。区内金矿密布,如:夹皮沟金矿、板庙子金矿、三道沟金矿等。

主要重砂矿物自然金圈出10处异常,Ⅰ级1处(1号),Ⅱ级4处(3号、6号、7号、10号),Ⅲ级5处(2号、4号、5号、8号、9号)。夹皮沟-溜河预测工作区综合建造构造图显示,该10处重砂异常的上游均存在含有Au的英云闪长质片麻岩、老牛沟组和三道沟组,同时还分布有金矿床(点),以此推测自然金异常应为矿致异常,并依据自然金异常的分布特征进一步证实,太古宇各岩组是吉林省金矿主要矿源层。

铜族矿物圈出2处Ⅲ级异常,规模较小,与区内3号自然金异常套合紧密。

该预测区除自然金、铜族矿物以外,白钨矿、独居石、黄铁矿、铅族矿物、泡铋矿、磁铁矿、磷灰石等重砂矿物亦有异常显示。尤其是磁铁矿、黄铁矿、白钨矿、独居石的矿物含量分级高,异常规模大,与金矿关系紧密,对寻找金矿指示作用明显。磁铁矿、磷灰石异常空间上与物探推测的基性-超基性岩体完全吻合,对指示铁矿、镍(铜)矿存在间接指示作用。

铅族矿物、铜族矿物有较好的分级点异常,而且与金矿产积极响应,是该区指导找矿的标型矿物。

由自然金、白钨矿、独居石、黄铁矿构成的重砂组合异常圈定5处,Ⅰ级2处,Ⅱ级3处。Ⅰ级组合异常条带状分布,轴向近东西,规模大,矿物含量分级4—5级,Ⅱ级组合异常规模较大—中等,轴向均为北西,矿物含量分级以3—4级为主。分析该组合异常成矿地质背景与自然金异常一致,同样具有矿化性质。

由橄榄石、辉石、铜族矿物构成的组合异常5处。这些组合异常与推测的基性-超基性岩体以及苇厦河镍矿点缺乏响应关系,对预测熔离型铜镍矿不具备指示效应。

工作区镍的化探呈带状分布,异常面积大。异常的形成与矿化有一定关联以外,主要是太古宙花岗绿岩体引起。因此,对预测镍(铜)矿应根据重砂异常、化探异常释放的找矿信息,结合物探资料表征的基性-超基性岩体综合评定。

结论:该工作区是金矿、铁矿的主要找矿区域,对评价深部镍矿亦具有一定远景。自然金-白钨矿、黄铁矿、独居石及自然金-铅族矿物、铜族矿物重砂组合,可以为寻找夹皮沟式金矿、铜矿提供重要重砂信息。而磁铁矿、磷灰石异常,对评价该区的铁矿、镍矿起到重要作用。

13. 万宝预测工作区

该区处于于辉发河-古洞河深大断裂带的北端。

区内主要出露新元古界万宝岩组的变质砂岩夹大理岩建造。中元古界色洛河群中酸性火山岩建造以及白垩系大拉子组砂砾岩建造。侵入岩以海西期的闪长岩、花岗闪长岩以及燕山期的二长花岗岩、花岗斑岩为主。发育北东向与北西向断裂构造,并与大蒲柴河B级找矿远景区紧密相连。工作区的西北侧有铜矿点分布。

工作区圈出自然金异常4处，Ⅱ级2处（1号、3号），Ⅲ级2处（2号、4号）。自然金异常规模均较小，形状近椭圆或不规则状，轴向北东为主。查看万宝预测工作区建造构造图，4处自然金异常背景为新元古界万宝岩组的变质砂岩夹大理岩建造，追索水系源头为燕山期的花岗岩体，这为寻找矽卡岩型金、铜矿创造了条件。

辰砂异常圈出1处Ⅱ级异常，面积47.53km^2，北西向延伸，与自然金异常紧密相连，其水系源头有铜矿点分布。

白钨矿、黄铁矿异常规模较大，空间叠合好，有明显的重砂指示作用。

区内圈出的自然金、白钨矿、辰砂、黄铁矿重砂组合异常有1处，矿物含量分级以3—4级为主，规模不大，硅化、黄铁矿化发育，评定为Ⅲ级异常。

结论：万宝预测工作区是金矿、铜矿、汞矿的有利找矿区域，自然金、白钨矿、辰砂、黄铁矿重砂组合可为找矿预测做出贡献。

14. 西北岔预测工作区

该区处在东北叠加造山-裂谷系（Ⅰ级）小兴安岭-张广才岭叠加岩浆弧（Ⅱ级）太平岭-英额岭火山-盆地区（Ⅲ级）老爷岭火山-盆地群（Ⅳ级）构造单元内。

区内主要出露新太古界夹皮沟岩群老牛沟岩组黑云角闪变粒岩夹斜长角闪岩，新元古界东方红岩组变质流纹岩夹片岩变质建造。火山岩主要为新生界的玄武岩建造。沉积建造由下白垩统大拉子组砂砾岩及第四系沉积物构成。侵入岩体以燕山早期的花岗闪长岩、二长花岗岩体为主，其次为海西晚期黑云母花岗岩、黑云母斜长花岗岩及花岗闪长岩，其中呈岩基产出的东清黑云母斜长花岗岩体是主要的含矿岩体。此外位于边缘相后期侵入的花岗伟晶岩脉、细晶岩脉亦含有较高含量的成矿矿物。发育北西向的压扭性断裂构造和北东向的次一级断裂构造。围岩蚀变有钠长石化、云英岩化及白云母化等。分布有安图东清独居石砂矿。

主要的重砂矿物有独居石、磷钇矿、自然金。

独居石圈出1处Ⅰ级异常，4处Ⅲ级异常。其中Ⅰ级独居石异常矿物含量分级以4—5级为主，面积6.72km^2，近椭圆状分布，东清独居石砂矿落位其中，矿致异常明显，是主要的找矿指示矿物。4处Ⅲ级异常分布在东清独居石砂矿的外围，对外围区域相同类型独居石砂矿的寻找提供了依据。

磷钇矿圈出3处异常。其中Ⅰ级异常1处，矿物含量分级以4—5级为主，面积1.64km^2，椭圆状分布，空间上与东清独居石砂矿积极响应，矿致异常明显，是主要的找矿指示矿物。2处Ⅲ级异常分布在东清独居石砂矿的东北部，对矿床外围找矿有指导作用。

自然金圈出1处Ⅲ级异常，面积较大，呈带状分布。自然金异常的出现与燕山期的花岗岩浆活动有关，可指示寻找热液型金矿及独居石的成矿地球化学环境。

钍石异常在区内以零散状态分布，与独居石、磷钇矿重砂异常套合较差，因此，在该区重砂组合中未选择钍石。

独居石-磷钇矿-自然金组合异常圈出2处，Ⅰ级1处（2号），Ⅲ级1处（1号）。Ⅰ级组合异常与东清独居石砂矿紧密相连，是区内重要的矿致异常组合。

结论：独居石、磷钇矿是该区寻找独居石砂矿的主要重砂标志。区内广泛分布的燕山期花岗岩类侵入体，为独居石砂矿的形成提供了优良的物质基础，应注意外围汇水盆地独居石、磷钇矿重砂异常的分布特征指导找矿，同时亦要注意寻找原生金矿。

15. 海沟预测工作区

该工作区位于吉林省晚三叠世—新生代东北叠加造山-裂谷系（Ⅰ）小兴安岭-张广才岭叠加岩浆弧

(Ⅱ)太平岭-英额岭火山-盆地区(Ⅲ)敦化-密山走滑-伸展复合地堑(Ⅳ)内。

区内地层出露复杂,主要有新太古界英云闪长质片麻岩、变质二长花岗岩及夹皮沟岩群老牛沟岩组黑云角闪变粒岩夹斜长角闪岩;元古宇(Pt_1、Pt_3)变质岩、变质火山岩建造。沉积岩建造主要由色洛河群钓鱼台组石英砂岩、南芬组页岩夹泥灰岩及白垩系砂岩构成。火山岩建造反映的是中生界三叠系流纹岩夹流纹质火山碎屑岩、侏罗系安山岩和新生界的玄武岩。侵入岩体以燕山早期的花岗岩类为主,其次为印支期的碱长花岗岩,其中燕山早期的二长花岗岩与成矿关系最为密切,为金矿的主要围岩。北东向、北西向的次一级断裂构造发育。分布的矿产有侵入岩浆型海沟金矿,并有多处金矿点。

区内自然金异常有 3 处(1 号、2 号、3 号)。其中,2 号异常级别为Ⅱ级,面积 $18.35km^2$,紧邻海沟金矿的西侧,为金矿所在水系的上游,与海沟金矿存在响应关系。同时追踪汇水盆地上游地层是变质流纹岩夹片岩变质建造,为含金地层。因此,认为 2 号自然金异常为矿致异常,而且金可能源于该含金地层。

1 号、3 号评定为Ⅲ级,地质背景为燕山期侵入体和白垩系沉积砾岩,属于外围区域,对外围找金有一定的指示作用。

该区圈定自然金、白钨矿、独居石、黄铁矿重砂组合异常 1 处,矿物含量分级以 3—4 级为主,异常面积为 $25.22km^2$,评定为Ⅲ级组合异常。该组合异常分布在海沟金矿的西北部,背景为变质流纹岩夹片岩变质建造,可为该区域寻找相同类型金矿提供重要依据。

结论:自然金、白钨矿、独居石、黄铁矿重砂异常可为在该工作区寻找金矿、稀土矿提供重要的重砂找矿信息。

16. 金城洞-木兰屯预测工作区

该区处在位于前南华纪华北东部陆块(Ⅱ)龙岗-陈台沟-沂水前新太古代陆块(Ⅲ)夹皮沟新太古代地块(Ⅳ)内。

区内主要分布新太古界龙岗岩群鸡南岩组(Ar_3j)和官地岩组(Ar_3g),构成变质岩建造。其次是侏罗系及白垩系。次一级断裂纵横交错。侵入岩体主要是中太古代钾长花岗质片麻岩以及新太古代英云闪长质片麻岩,少量中元古代花岗闪长岩。产出的矿产有绿岩型金城洞金矿、木兰屯金矿,并有多处金矿点。

自然金异常圈出 8 处。其中,Ⅰ级 1 处(1 号),Ⅱ级 4 处(4 号、5 号、6 号、7 号),Ⅲ级 3 处(2 号、3 号、8 号),追踪其水系源头均是鸡南岩组和官地岩组。建造构造图显示,鸡南岩组和官地岩组含有 Au,金城洞金矿、木兰屯金矿均分布在鸡南岩组和官地岩组中。因此,自然金异常具备明显的矿致性质。

黄铁矿圈出 1 个Ⅱ级异常,1 个Ⅲ级异常,面积分别为 $84km^2$、$22km^2$,不规则形态。其中,Ⅱ级异常与金矿积极响应,矿致异常明显,是重要的找矿指示异常。

辰砂圈出 1 个Ⅱ级异常,2 个Ⅲ级异常,面积为 $7km^2$、$3km^2$、$2km^2$。空间上与自然金异常叠合较好,分布在金矿产的周围,具一定的找矿指示意义。

重晶石圈出 1 个Ⅰ级异常,3 个Ⅲ级异常,面积分别为 $5km^2$、$4km^2$、$2km^2$、$3km^2$,近椭圆状,分布在金矿产外围,对寻找热液脉型金矿有指示作用。

工作区圈出自然金、辰砂、黄铁矿组合异常 2 处,1 个Ⅰ级异常,矿物含量分级主要为 4—5 级;1 个Ⅲ级异常,矿物含量分级主要为 3 级。异常规模较小,地质背景与 1 号、2 号、3 号、4 号、5 号、6 号自然金异常相同。

结论:区内自然金异常及其组合异常矿化信息显著,鸡南岩组和官地岩组为金成矿提供成矿物质,预测在该工作区的未知区域有寻找相同类型金矿的可能。

17. 金谷山-后底洞预测工作区

工作区处在位于前南华纪华北东部陆块(Ⅱ)龙岗-陈台沟-沂水前新太古代陆块(Ⅲ)夹皮沟新太古

代地块（Ⅳ）内。

区内主要出露太古宇、元古宇、古生界，构成变质岩建造。其中，古生界寒武系—奥陶系马滴达组含有Au、Cu。三叠系、白垩系的安山岩构成火山岩建造。石炭系、二叠系、三叠系、白垩系的砂岩、砾岩构成沉积岩建造。侵入岩以燕山早期花岗岩为主，分布有火山岩型金古山金矿、后底洞金矿以及砂金矿、铜矿点。

自然金异常圈出2处（Ⅰ级和Ⅱ级），面积为43km²、22km²，条带状分布。建造构造图显示，自然金异常落位在三叠系金盘沟组的安山岩建造以及三叠系、白垩系砂岩、粉砂岩之中，其水系源头为含Cu的二叠系庙岭组砂岩、粉砂岩，并有金、铜矿产分布。因此，自然金异常应为矿化异常，而且，成矿物质来源与安山岩、砂岩有关。

黄铁矿圈出1处Ⅱ级异常，规模较大，面积为226km²，带状分布。空间上与金矿积极响应，找矿指示作用明显。

辰砂圈出3处Ⅲ级异常，其中2号辰砂面积为65km²，不规则形态。空间上与金矿积极响应，找矿指示作用明显。

预测工作区自然金、辰砂、黄铁矿、独居石组合异常圈出4处，Ⅱ级1处，Ⅲ级3处。Ⅱ级异常规模中等，矿物含量分级以3—4级为主，落位在金古山金矿和后底洞金矿的下游汇水盆地中，并与自然金异常紧密，是寻找绿岩型金矿的主要地段。

Ⅲ级组合异常分布在金矿系统的西北部，有矿点响应，亦是找矿的重要区域。

结论：该预测工作区有寻找热液型金铜矿、沉积型砂金矿的可能。

18. 安口镇预测工作区

工作区位于台区辽东台隆（亚Ⅰ级）铁岭-靖宇台拱（Ⅱ级）龙岗断块（Ⅲ级）构造单元内。属于中低山森林景观区。

工作区为铁族元素同生地球化学场。主要出露新太古界斜长角闪岩、斜长变粒岩、变质辉长岩及变质花岗岩类建造；古元古界变质辉长岩建造；侏罗系果松组的安山岩建造；下古生界的灰岩、中生界的砂岩构成的沉积岩建造。侵入体以燕山晚期的碱长花岗岩为主。发育北东向的韧性剪切带，北东向、北西向的断裂构造。围岩蚀变有硅化、黄铁矿化、绿泥石化等。分布柳河金厂沟金矿、砂金矿。

自然金圈出3个Ⅲ级异常，面积为1.75km²、1.24km²、1.82km²。空间上与分布的金矿产相距较远，响应关系不明显，可为金矿系统外围找矿提供重砂信息。

铜族矿物圈出1处Ⅲ级异常，面积为1.77km²，与自然金异常没有叠合关系。其他重砂异常反映很弱，缺乏找矿指示作用。

总之，该工作区应以寻找金矿、铜矿为主，自然金和铜族矿物异常可提供直接找矿信息。

19. 香炉碗子-山城镇预测工作区

该工作区位于吉林省龙岗断块的西北缘，沿敦密断裂呈北东向展布的狭长区域。

区内分布大面积以海相基性火山岩为主的新太古代变质岩群，阜平期、五台期的岩浆侵入活动强烈，使得区内的原岩遭受广泛的区域变质作用，燕山晚期的侵入岩以碱长花岗岩为主。北东向的断裂构造极其发育。

此外沿断裂带发育有大量的火山碎屑岩以及中生代超浅成的流纹岩。这些超浅成的流纹岩（流纹斑岩）火山岩体与金矿关系密切。香炉碗子金矿以及一些金矿点、多金属矿点，即产于流纹岩（流纹斑岩）中。

自然金圈出3个异常，其中Ⅰ级2个（1号、3号），Ⅲ级1个（2号），面积分别为1.08km²、2.99km²、

0.91km²。2个Ⅰ级异常与金矿系统积极响应,具有明显的矿致性,可直接指示相同类型的金矿的寻找。

20. 二密-老岭沟预测工作区

该区位于辽东台隆(Ⅱ级)铁岭-靖宇台拱(Ⅲ级)龙岗断块(Ⅳ级)构造单元内。

区内分布有新太古代黑云绿泥片岩、斜长角闪岩,古元古代钾长花岗质片麻岩,构成变质岩建造。其次为一套三叠系、侏罗系和白垩系的中性-偏碱性的火山岩建造。其中,侏罗系林子头组安山岩为含Cu地层。沉积岩建造主要由南华系细河群钓鱼台组、南芬组以及桥头组的石英砾岩、砂岩夹泥岩、页岩构成。为区内成矿起到天然屏障作用。

侵入岩以燕山晚期的花岗斑岩为主,区内次一级断裂构造极其发育。矿产有二密斑岩型铜矿及金、铜矿化点多处。

区内铜族重砂异常圈出2处,Ⅱ级1处(1号),矿物含量分级为3—4级;Ⅲ级异常1处,矿物含量分级为2—3级。面积分别为10.92km²、2.73km²,沿水系呈长条状分布。建造构造图显示,铜族矿物重砂异常背景为含铜的侏罗系林子头组安山岩,水系源头有二密铜矿产分布,是优质的矿致异常。

自然金异常圈出3处,均为Ⅲ级。面积分别为7km²、6km²、15km²,不规则形态。其中,3号异常与铜族矿物重砂异常紧密相连,1号、2号自然金异常与燕山晚期的花岗斑岩体关系密切,且其水系源头亦有铜矿及金矿化点分布,表现出矿化迹象。

毒砂圈出1处Ⅰ级异常,面积约为50km²,不规则形态。空间上与铜族矿物异常叠合程度较高,具有较明显的找矿指示意义。

重晶石圈出1处Ⅱ级异常,面积为45km²,不规则形态,分布在铜族矿物异常的边缘。

铜族矿物-毒砂-重晶石组合异常圈出1处,评定为Ⅱ级,规模中等,矿物含量分级以4—5级为主,是找矿有利异常区段。

结论:工作区内自然金、铜族矿物重砂异常是矿化的结果,铜族矿物-毒砂-重晶石异常组合可作为工作区内斑岩型金、铜矿的重要找矿标志。

21. 赤柏松-金斗预测工作区

该区处于辽东台隆(Ⅱ级)铁岭-靖宇台拱(Ⅲ级)龙岗断块(Ⅳ级)构造单元内。

区内地层出露复杂,变质岩建造主要由新太古代的黑云变粒岩和变质二长花岗岩构成。火山岩建造由侏罗系果松组、林子头组的安山岩、安山质火山碎屑岩、安山质集块岩等构成。沉积岩建造主要由侏罗系的小东沟组和鹰嘴砬子组的砾岩、砂岩构成。侵入岩有辉长岩、二长橄榄岩和碱长花岗岩、花岗斑岩。其中林子头组的安山岩以及构成侵入岩建造的辉长岩、二长橄榄岩为含Cu地层。发育的断裂构造以北东向为主。矿产有赤柏松岩浆熔离型铜镍矿床及多处金矿点、镍矿点、铜矿点。

主要重砂矿物铜族矿物圈出1处Ⅰ级异常,1处Ⅲ级异常。其中Ⅰ级异常地质背景为含Cu的林子头组安山岩以及构成侵入岩建造的辉长岩、二长橄榄岩,且与赤柏松铜镍矿床积极响应,矿致特征明显,是直接找矿标志。Ⅲ级异常分布在赤柏松铜镍矿床的北部,分布有辉长岩、二长橄榄岩体,对预测赤柏松铜镍矿床外围找矿有指导作用。

镍黄铁矿没有异常反映。

自然金圈出4处Ⅲ级异常,面积分别为3km²、2km²、7km²、2km²,不规则形态,地质背景是新太古界变质岩建造。其中,4号异常与金矿点积极响应,对预测变质热液型金矿提供了重砂信息。

辰砂有5处异常,其中2处Ⅱ级异常(3号、4号)在空间上与铜镍矿积极响应。地球化学研究表明,辰砂中的Hg具有较强的亲硫性,主要来源于深部岩浆,而且在碱性介质中利于铁族矿石及金属硫化物的沉淀。

重晶石有 1 处 Ⅱ 级异常,面积 26km², 不规则状。空间上与金矿、铜镍矿关系紧密。矿物学研究表明,重晶石主要为热液成因,多与硫化物共生。

黄铁矿异常分布广泛,空间上与金矿、铜镍矿关系紧密。

辰砂异常和重晶石异常对解译此处的铜镍成矿地质环境有重要指示意义。

区内圈定的自然金、铜族矿物、辰砂、黄铁矿矿物组合异常 1 处,评定为 Ⅰ 级,规模中等,矿物含量分级以 3—4 级为主。该组合异常落位在为铜镍成矿提供成矿物质的变质岩及火山岩建造上,其中分布有控矿的基性-超基性岩体,并且与分布的矿产积极响应。

结论:铜族矿物、自然金、辰砂、黄铁矿重砂异常发育,为该区寻找与岩浆热液有关的铜镍矿、金矿提供了重砂依据。

22. 金厂镇预测工作区

该区处于二密-老岭沟预测工作区的正南侧,属于辽东台隆(Ⅱ 级)铁岭-靖宇台拱(Ⅲ 级)龙岗断块(Ⅳ 级)构造单元。

区内主要出露太古宙古老变质岩系构成的变质岩建造及二叠系、侏罗系。北东向、北西向的断裂构造非常发育。燕山早期的花岗岩体呈岩基状侵入到变质岩建造中。产出的矿产有金厂沟金矿,并伴有多处金矿点、铅矿点。

区内圈出自然金异常 4 处,Ⅰ 级 2 处(2 号、3 号),Ⅱ 级 1 处(1 号),Ⅲ 级 1 处(4 号)。面积分别为 11km²、2km²、5km²、1km²,不规则状,具北西向延伸的趋势。1 号、2 号、3 号异常与金矿积极响应,是矿致异常。

区内圈出的自然金-铜族矿物-铅族矿物-重晶石重砂组合异常,规模大,矿物含量分级高(4—5 级),落位于燕山早期的花岗岩体与老变质岩体的接触部位,有金厂沟金矿及许多金矿点响应,显示组合异常优良的矿致性质,评定为 Ⅰ 级组合异常。同时,铜族矿物、铅族矿物作为中、低温热液矿床中金的主要共生矿物,对金的富集起到重要作用,重晶石产于热液矿脉中,与硫化物共生。

结论:自然金、铜族矿物、铅族矿物、重晶石重砂异常及其组合,为区内寻找热液脉型金矿做出了贡献。

23. 荒沟山-南岔预测工作区

工作区处于前南华纪华北东部陆块(Ⅱ)胶辽吉元古代裂谷带(Ⅲ)老岭拗陷盆地(Ⅳ)构造单元上,属于中低山森林景观区。

区内主要分布古元古界老岭变质岩群(珍珠门岩组、大栗子岩组)和新元古界青白口系的变质砂岩,形成亲石、碱土金属元素同生地球化学场。工作区的北侧局部分布有太古界龙岗岩群。区内断裂构造极其发育,北东向呈蛇形延伸的韧性剪切带是主要的控矿构造。燕山期的岩浆侵入活动最为强烈,与成矿关系密切的主要是呈岩株产出的花岗斑岩体。围岩蚀变强烈,主要有黄铁矿化、黄铜矿化、滑石化、透闪石化、硅化等。

矿产有荒沟山金矿、铅锌矿、南岔金矿、八里沟金矿及大横路铜钴矿。

自然金圈出 6 个异常,其中 Ⅰ 级 2 个(1 号、3 号),Ⅱ 级 2 个(4 号、5 号),Ⅲ 级 2 个(2 号、6 号)。面积分别为 2.19km²、0.90km²、1.70km²、1.79km²、3.96km²、1.96km²。

Ⅰ 级自然金异常与分布的金矿产存在积极响应关系,矿致性质明显,是找矿的直接标志。

Ⅱ 级、Ⅲ 级自然金异常所在水系上游有金矿分布,对追溯上游找矿有指导作用。

铅族矿物圈出 3 个 Ⅲ 级异常,面积分别为 1.01km²、2.08km²、0.88km²。空间上与分布的铅锌矿产相距较远,响应关系不强,可在异常所在水系寻找相同类型的铅锌矿。

铜族矿物圈出 3 处Ⅲ级异常,面积分别为 $3.72km^2$、$4.18km^2$、$1.35km^2$,近椭圆形态,分布在水系的上游,可追索源头原生铜矿。空间上 3 处铜族矿物异常与分布的大横路铜钴矿、六道江铜矿没有响应关系。但是,对比成矿地质背景可知,1 号、2 号铜族矿物异常与六道江铜矿相同,可为寻找斑岩型铜矿提供重砂信息。3 号铜族矿物异常的地质背景与大横路铜钴矿接近,可为寻找沉积变质型铜(钴)矿提供依据。

总之,该工作区成矿地质条件优越,是金、铜、铅锌多金属成矿的有力区域。重砂矿物可为系列找矿提供重要的找矿信息。

24. 正岔-复兴屯预测工作区

工作区位于华北东部陆块(Ⅱ)胶辽吉古元古裂谷带(Ⅲ)集安裂谷盆地(Ⅳ)内。

区内主要出露古元古界集安岩群和老岭岩群,有少量中生界的碎屑岩及中性火山岩分布。北东向、北西向断裂构造发育,燕山期侵入活动与成矿关系密切。区内矿产丰富,以金、铜、铅锌为主,一般产于集安岩群层间破碎带内。主要有集安西岔金银矿、金厂沟金矿、复兴屯铜金矿及正岔铅锌矿,并伴有金矿点、铅矿点、铜矿点、钼矿点。

自然金异常有 4 处,Ⅰ级 2 处(2 号、4 号),Ⅲ级 2 处(1 号、3 号)。面积分别为 $3.71km^2$、$17.93km^2$、$13km^2$、$1.33km^2$,不规则形态。其中,2 处Ⅰ级异常与分布的金银矿、铜矿产积极响应,矿致性质明显,对寻找金矿有直接指示作用。2 处Ⅲ级异常对矿床外围找金可提供一定的依据。

铅族矿物异常 3 处,Ⅱ级 2 处(1 号、3 号),Ⅲ级 1 处(2 号)。面积为 $3.25km^2$、$7.78km^2$、$2.25km^2$,近椭圆状。其中 1 号铅族矿物异常与正岔铅锌矿相邻,显示一定矿致性,可直接用于铅锌矿寻找。3 号铅族矿物异常,分级较高,异常规模大,应注意相同类型铅锌矿评价。

建造构造图显示,自然金、铅族矿物重砂异常的源头均分布有集安岩群(Pt_1m、Pt_1h、Pt_1d),燕山期花岗闪长岩有部分分布,显示优良的成矿地质背景和条件。

以自然金为主体的组合异常圈出 2 处(自然金-铅族矿物-重晶石,Ⅰ级 1 处,Ⅲ级 1 处)。其中,Ⅰ级组合异常规模中等,矿物含量分级以 3—4 级为主,所处地质背景与自然金异常相同,有金铜矿产积极响应,矿致异常亦十分明显,是寻找金(铜)矿的直接指示区域。Ⅲ级组合异常是外围找金的有利地段。

以铅族矿物为主体的矿物组合异常(铅族矿物-自然金-重晶石)只圈出 1 处Ⅱ级异常,规模小,与正岔铅锌矿存在响应关系,是寻找相同类型铅锌矿的有利地段。

铜族矿物没有异常反映。缺乏指示信息。

结论:正岔-复兴预测工作区是金、铅锌找矿的代表区域,区内重砂异常及其组合异常可为寻找热液型金、沉积变质型铅锌矿提供重砂找矿依据。

25. 矿洞子-青石镇预测工作区

该区处于华北叠加造山-裂谷系(Ⅰ)胶辽吉叠加岩浆弧(Ⅱ)吉南-辽东火山盆地区(Ⅲ)抚松-集安火山-盆地群(Ⅳ)构造单元。

区内主要分布古元古界集安岩群变质岩建造(黑云变粒岩夹斜长角闪岩),以及侏罗系果松组、林子头组的安山岩、安山质凝灰熔岩及流纹岩火山岩建造。下古生界的沉积建造较少。侵入岩体以燕山期的花岗岩体为主。北东向、北西向断裂构造发育。其中,集安岩群是吉林省主要的 Au、Cu、Pb、Zn 矿源层位,火山岩建造是主要的控矿围岩,岩浆侵入作用为成矿提供热源。

分布的矿产主要有矽卡岩型矿洞子铅锌矿,郭家岭铅锌矿。

区内铅族矿物异常圈出 3 处,Ⅱ级 1 处(2 号),Ⅲ级 2 处(1 号、3 号)。其中,2 号异常面积为 $5.85km^2$,呈条带状沿北东向展布,分布在矿洞子铅锌矿、郭家岭铅锌矿西侧的上游水系中,显示一定矿致性,可用于寻找矽卡岩型铅锌矿。2处Ⅲ级异常可为矿床外围找矿提供依据。

自然金异常圈出3处,Ⅰ级1处(2号),Ⅲ级2处(1号、3号)。其中2号自然金异常面积31km²,条带状,与2号铅族矿物重砂异常在空间上有一定的叠合现象。

建造构造图显示,2号自然金异常与2号铅族重砂异常落位在与成矿有关的变质岩建造和火山岩建造上,重砂异常内有典型矿床分布,显示两者优良的矿致性。其他的铅族矿物、自然金异常亦有矿化迹象。

区内圈出铅族矿物、自然金、辉钼矿、重晶石组合异常1处,评定为Ⅲ级。组合异常规模较小,矿物含量分级以3级为主。落位在矿洞子铅锌矿、郭家岭铅锌矿西侧的上游汇水盆地,是寻找相同类型铅锌矿的重要异常区。

结论:铅族矿物、自然金、辉钼矿、重晶石及其组合异常可为扩大铅锌找矿提供重要的重砂依据。

26. 大营-万良预测工作区

工作区处于华北叠加造山-裂谷系(Ⅰ)胶辽吉叠加岩浆弧(Ⅱ)吉南-辽东火山盆地区(Ⅲ)抚松-集安火山-盆地群(Ⅳ),属于中低山森林景观区。

区内主要出露太古宇变质钾长花岗岩、片麻岩以及斜长角闪岩变质岩建造;中生界长白组、果松组和林子头组的中酸性火山岩建造以及古生界、中生界的砂岩、页岩沉积建造。发育的东西向和北东向断裂构造对中生界地层的改造作用明显,对区内成矿至关重要。而燕山期的酸性花岗岩体以岩株状侵入到中生界的火山岩建造中,其接触带是成矿的有利部位。

主要矿产有大营矽卡岩型铅锌矿床、复兴屯铜金矿、西岔金矿以及天后沟、迎门岔铅锌矿点。

工作区圈出铅族矿物异常5处,其中Ⅱ级2处(4号、5号),Ⅲ级3处(1号、2号、3号)。椭圆状,面积分别为1.88km²、2.52km²。4号、5号铅族异常围绕大营铅锌分布,具备矿致特征,是直接找矿标志。1号、2号、3号铅族异常分布在大营铅锌矿北部,可为矿床外围找矿提供重砂依据。

自然金异常6处,均为Ⅲ级,规模较小,形状不规则,北东向延伸为主。

铜族矿物有1处Ⅲ级异常,规模较小,椭圆状,与铅族矿物异常落位在同一水系。

白钨矿、辰砂、重晶石异常表现较好,显示区内高—中—低温复杂的成矿环境。

区内铅族矿物-自然金-白钨矿-辰砂-重晶石组合异常1处,规模较小,含量分级为3—4级。该组合异常落位于花岗侵入岩体与老地层的接触处,分布在大营铅锌矿的下游水系,是寻找相同类型铅锌矿的有利地段。

27. 古马岭预测工作区

工作区处于华北东部陆块(Ⅱ级)胶辽吉古元古裂谷带(Ⅲ级)集安裂谷盆地(Ⅳ级)构造单元上。

主要出露古元古界黑云变粒岩、斜长角闪岩夹大理岩。侏罗系果松组的安山岩、安山质火山碎屑岩构成的是火山岩建造。沉积岩建造主要由下古生界的砂岩、灰岩构成。侵入岩以古元古界的花岗岩类、印支期的二长花岗岩及燕山晚期二长花岗岩、花岗斑岩为主。其中古元古界的黑云二长花岗岩含金。分布的矿产有岩浆热液改造型古马岭金矿、下活龙金矿。

自然金圈出3个异常,Ⅰ级1个(1号),Ⅱ级1个(2号),Ⅲ级1个(3号),面积分别为3.57km²、1.68km²、5.13km²。其中Ⅰ级自然金重砂异常落位于下活龙村,与下活龙金矿积极响应,是矿致异常,可直接指示相同类型金矿找矿。Ⅱ级、Ⅲ级自然金重砂异常落位在古马岭金矿的上游水系中,对寻找矽卡岩型金矿亦有指示作用。

28. 十六道沟-长白预测工作区

工作区位于台区辽东台隆(亚Ⅰ级)营口-宽甸台拱(Ⅱ级)长白断块(Ⅲ级)构造单元内。属于中低山森林、沼泽景观区。

工作区具有亲石、碱土金属元素同生地球化学场特征。主要出露古元古界老岭岩群大栗子岩组千枚岩夹大理岩变质建造，三叠系长白组的流纹岩、安山岩构成的火山岩建造，以及由古生界的砂岩、灰岩构成的沉积建造。其中火山岩建造是区内重要的控矿围岩；侵入岩体以下古生界的巨斑花岗岩以及燕山期的二长花岗岩、碱长花岗岩为主；北北东向的S形断裂是主要的成矿构造。

区内主要的找矿目标为金矿等，目前已发现有工业价值的金矿产。

自然金圈出3个Ⅲ级异常，面积为1.07km^2、1.10km^2、3.69km^2，对区内寻找金矿有重要指示作用。其他重砂矿物没有异常反映。

29. 刘生店-天宝山预测工作区

该区处于晚三叠世——新生代东北叠加造山-裂谷系（Ⅰ）小兴安岭-张广才岭叠加岩浆弧（Ⅱ）太平岭-英额岭火山-盆地区（Ⅲ）罗子沟-延吉火山-盆地群（Ⅳ）。

区内出露的变质岩建造主要由新元古界长仁大理岩组变质大理岩和万宝岩组变质砂岩夹大理岩构成。沉积岩建造是以上石炭统天宝山组灰岩和下白垩统砂砾岩为主。中—新生界的火山岩建造则主要表现为中生界的安闪岩夹流纹岩。区内北西向和北东向断裂构造发育，并有大面积的海西晚期花岗岩侵入，其次为印支期的闪长岩、石英闪长岩及二长花岗岩。而燕山期的花岗岩、花岗斑岩呈岩株、岩脉产出，是多金属硫化物矿体形成的主要控矿岩体。

分布的矿产有天宝山多金属矿、刘生店钼矿。

铅族矿物圈出4处重砂异常。其中Ⅰ级1处（3号），Ⅲ级3处（1号、2号、4号），面积分别为3.05km^2、1.78km^2、2.25km^2、1.99km^2，近椭圆状。3号铅族矿物异常与天宝山多金属矿床积极响应，是直接找矿标志。1号、2号、4号异常分布在天宝山多金属矿的北侧与东侧，对外围找矿有一定的指导意义。

白钨矿异常有3处，Ⅱ级1处（3号），Ⅲ级2处（1号、2号）。其中3号异常面积187km^2，带状分布，空间上与天宝山多金属矿积极响应，具有明显的找矿指示意义。

铜族矿物圈出1处Ⅰ级重砂异常，面积17.93km^2，条带状，北西向延伸。

辰砂圈出2处异常，其中1号异常面积99km^2，带状分布。空间上与3号白钨矿异常叠合较好，同样具有较明显的找矿指示意义。

主要指示矿物辉钼矿圈出3个异常，含量分级低，面积分别为6.04km^2、1.63km^2、9.04km^2，分布在刘生店钼典型矿床的北部汇水区域，对矿致系统缺乏支撑作用。

建造构造图显示，铜族矿物异常背景以燕山期的花岗岩、花岗斑岩为主，其水系上游是与成矿关系密切的石炭系灰岩和白垩系火山碎屑岩。铅族矿物异常在空间上与铜族矿物局部叠合，水系源头分布有天宝山多金属矿及铜矿点。因此，区内的铜族矿物、铅族矿物重砂异常与成矿有关。

铜族矿物-铅族矿物-白钨矿-辰砂组合异常，规模较小，矿物含量分级以3—4级为主。落位在断裂构造的交会处以及侵入岩体与地层的接触部位，是重要预测区。

此外，该区自然金异常亦较发育，可结合Ag的化探异常评价伴生银矿。

结论：铅族矿物、铜族矿物、白钨矿、辰砂矿物及其组合异常可作为天宝山预测工作区铅锌铜多金属矿床的重砂找矿标志。

30. 五凤预测工作区

工作区位于吉林省晚三叠世——新生代东北叠加造山-裂谷系（Ⅰ）小兴安岭-张广才岭叠加岩浆弧（Ⅱ）太平岭-英额岭火山-盆地区（Ⅲ）敦化-密山走滑-伸展复合地堑（Ⅳ）内。

区内与成矿有关的主要是中生界侏罗系屯田营组（J_3t）火山岩建造。发育北东向、北西向和南北向断裂构造。侵入岩体以印支期花岗岩和海西晚期的花岗闪长岩为主。

产出的矿产有火山岩型五凤金矿，并伴有多处金矿点。

自然金异常有 4 处，其中 I 级 2 处（3 号、4 号），III 级 2 处（1 号、2 号）。2 处 I 级异常面积分别为 $43km^2$、$14km^2$，不规则形状。

追踪 3 号、4 号异常上游水系是屯田营组的安山质火山碎屑岩建造和安山岩建造。火山岩建造构造图显示，安山质火山碎屑岩建造含有 Au、Cu，再依据 3 号、4 号重砂异常与五凤金矿的积极响应关系，推测 3 号、4 号重砂异常为矿致异常，来源于安山质火山碎屑岩成矿建造。

白钨矿异常圈出 1 处 I 级异常，面积 $292km^2$，带状分布，空间上与自然金异常套合完整。

辰砂圈出 1 处 I 级异常（2 号），1 处 III 级异常（1 号），面积分别为 $49km^2$、$14km^2$，不规则形状，其中 2 号异常与金矿积极响应。

泡铋矿异常有 4 处，其中 3 号异常为 II 级，面积 $59km^2$，条带状，五凤金矿落位其中。

白钨矿、辰砂、泡铋矿均与岩浆热液关系密切，是区内寻找金矿的重要标志性矿物。

重砂组合由自然金、白钨矿、辰砂、泡铋矿构成，共圈出 4 处组合异常，评定为 I 级和 III 级；规模较大至中等，矿物含量分级为 3—4 级；I 级组合异常场反映五凤金矿系统，具有优良的成矿地质背景和条件，是找矿重要地段。

III 级组合异常与 3 号、4 号自然金异常具备同样的地质背景，值得重视。

结论：五凤预测工作区自然金异常和其组合异常矿致性质明显，找矿指示作用显著，可作为该区火山热液型金矿的找矿标志之一。

31. 闹枝-棉田预测工作区

该区位于晚三叠世—中生代小兴安岭-张广才岭叠加岩浆弧（II）太平岭-英额岭火山-盆地区（III）罗子沟-延吉火山盆地群（IV）内。

区内主要分布寒武系—奥陶系五道沟群马滴达组变质砂岩建造；三叠系、二叠系沉积砂岩建造以及中生界白垩系金沟岭组和刺猬沟组的安山岩建造。侵入岩体以燕山早期的花岗岩、花岗闪长岩、二长花岗岩为主，其次为印支期花岗岩。发育北东向、北西向及南北向断裂构造。其中五道沟群马滴达组的变质砂岩建造是含金地层，是初始矿源层。金沟岭组和刺猬沟组的安山岩建造与成矿关系密切，是主要的赋矿层位。

矿产主要有火山岩型闹枝金矿，吉青岭金矿点、铜矿点。

自然金异常圈出 5 处，I 级 3 处（2 号、3 号、5 号），II 级 1 处（4 号），III 级 1 处（1 号），面积分别为 $27km^2$、$49km^2$、$44km^2$、$6km^2$、$19km^2$。由建造构造图可知，2 号、3 号、4 号自然金异常规模较大，落位在与成矿关系密切的安山岩构成的火山岩建造中，其水系源头是含金的五道沟群马滴达组变质砂岩，且与闹枝金矿紧密相邻，表明其重砂异常优良的矿致性质。

2 号、4 号自然金异常背景是燕山早期的花岗岩体，其水系源头亦是含金的变质砂岩建造，有强烈的矿化蚀变带存在，与金矿点、铜矿点积极响应，亦显示出明显的矿致性。

铜族矿物重砂异常圈出 2 处，与 3 号、4 号自然金异常有一定程度的套合，有矿化迹象，可作为寻找金矿的重要指示矿物。

代表性组合是自然金-铅族矿物-铜族矿物-白钨矿-辰砂，共圈出组合异常 3 处。其中，I 级 2 处，规模较大，矿物含量分级以 4—5 级为主；II 级 1 处，规模中等，矿物含量分级以 3—4 级为主。

结论：区内自然金、铜族矿物重砂异常与成矿关系密切，矿致性质明显；自然金-铅族矿物-铜族矿物-白钨矿-辰砂组合异常是区内寻找火山岩型金矿的重砂标志。

32. 刺猬沟-九三沟预测工作区

该区位于晚三叠世—中生代小兴安岭-张广才岭叠加岩浆弧（Ⅱ）太平岭-英额岭火山-盆地区（Ⅲ）罗子沟-延吉火山盆地群（Ⅳ）内。

区内主要出露寒武系—奥陶系五道沟群马滴达组变质砂岩建造；古生界二叠系庙岭组（P_1m）和解放村组（$P_{1-2}j$）的砂岩、粉砂岩沉积岩建造。火山岩建造主要是由上三叠统托盘沟组和白垩系金沟岭组及刺猬沟组的安山岩、安山质凝灰岩、集块岩构成。区内次一级的断裂构造极其发育。侵入岩以海西期花岗闪长岩和印支期的花岗岩为主。金矿系统主要产于火山岩建造中，且赋矿空间构造蚀变强烈此。

主要重砂矿物自然金圈出 4 处异常。其中，Ⅰ级 1 处（2 号），Ⅱ级 2 处（1 号、3 号）、Ⅲ级 1 处（4 号），面积分别为 $70km^2$、$20km^2$、$13km^2$、$5km^2$，不规则状。

1 号、2 号异常空间上与金矿产紧密相邻。建造构造图显示，1 号、2 号、3 号重砂异常上游是下白垩统刺猬沟组（K_1cw），均有金矿脉存在，而且分布的砂岩地层含有 Au、Cu。因此，1 号、2 号异常是优质的矿致异常，异常上游的火山岩建造是 Au、Cu 成矿的重要物质来源。

3 号重砂异常落位在刺猬沟金矿床的上游汇水盆地中，地质背景以安山岩、英安岩建造和砂岩建造为主，亦具有一定的指示意义。

此外，在刺猬沟金矿床的外围水系中圈出 2 处Ⅲ级铜族矿物异常，规模小，含量分级低，空间上与自然金异常套合，对寻找铜矿有指导意义。

由自然金-辰砂-毒砂-泡铋矿构成的组合异常有 3 处，Ⅰ级 2 处，Ⅲ级 1 处；异常轴向北西，规模较大，矿物含量分级以 4—5 级为主；与 2 号自然金异常重叠在同一汇水盆地中，具有同样的成矿地质背景和异常性质。

结论：本区是火山热液型金矿的富集区，自然金、辰砂、毒砂、泡铋矿重砂组合为寻找火山热液型金矿（铜矿）提供了重要的重砂信息。

33. 小西南岔-杨金沟预测工作区

该区处在晚三叠世—新生代东北叠加造山-裂谷系（Ⅰ）小兴安岭-张广才岭叠加岩浆弧（Ⅱ）太平岭-英额岭火山-盆地区（Ⅲ）罗子沟-延吉火山-盆地群（Ⅳ）构造单元内。

区内广泛分布呈岩基产出的海西晚期黑云母斜长花岗岩、花岗闪长岩侵入体，其次为呈岩株产出的燕山早期花岗闪长岩。此外，还分布少量的寒武系—奥陶系五道沟群的香房子组、杨金沟组和马滴达组变质岩建造；二叠系、三叠系中酸性火山岩建造以及二叠系解放村组和第三系土门子组碎屑岩沉积建造。南北向、北东向断裂构造发育。区内矿产丰富，有侵入岩浆热液型小西南岔铜金矿、东南岔铜金矿、杨金沟金矿、钨矿以及沉积型黄松甸子砂金矿和草坪砂金矿。

自然金异常圈出 4 处，以 2 号异常规模大，异常级别高（Ⅰ级），统计面积为 $49km^2$，带状分布。空间上与分布的砂金积极响应，同时其异常上游汇水盆地有小西南岔铜金矿分布，矿致异常明显，是找矿直接标志。其余的 3 个Ⅲ级异常分布在小西南岔铜金矿的外围，可为外围找矿提供依据。

白钨矿异常圈出 4 处，Ⅰ级 1 处（3 号），Ⅱ级 2 处（1 号、2 号），Ⅲ级 1 处（4 号），面积分别为 $4.45km^2$、$13.96km^2$、$3.5km^2$、$9.74km^2$，椭圆状或不规则状分布。其中，3 号Ⅰ级异常与杨金沟金矿、钨矿具有积极的响应关系。

1 号、2 号、4 号白钨矿异常分布在杨金沟金矿、钨矿的外围，可为外围找矿提供信息。其上游水系地层是含 Au、Cu、W 的寒武系—奥陶系五道沟群的香房子组和杨金沟组，以及含 Cu 的二叠系关门咀子组安山岩夹灰岩，均为该区主要的含矿建造。此外，海西晚期和燕山早期花岗岩侵入岩浆活动实现了 Au、Cu、W 元素的迁移富集。

区内铜族矿物异常没有反应。

自然金-白钨矿-黄铁矿组合异常 2 处，规模较小，矿物含量分级以 3—4 级为主，具有优良的成矿地质背景和成矿条件。

由上可知，自然金、白钨矿重砂异常与成矿关系密切，其组合异常是工作区找矿预测重要区域。

34. 黄松甸子地区

工作区处于晚三叠世—新生代东北叠加造山-裂谷系（Ⅰ）小兴安岭-张广才岭叠加岩浆弧（Ⅱ）太平岭-英额岭火山-盆地区（Ⅲ）罗子沟-延吉火山-盆地群（Ⅳ）构造单元内。

区内主要预测矿种是砾岩型砂金矿。建造构造图显示，工作区出露的地层主要为富含 Au、Cu、W 的寒武系—奥陶系五道沟群香房子组变质岩建造，以及新生界的主要含砂金层位土门子组砂砾岩建造。侵入岩以海西期的闪长岩、花岗闪长岩为主。

自然金圈出 2 处Ⅰ级异常（1 号、2 号）和 1 处Ⅲ级异常（3 号）。Ⅰ级异常矿物含量分级为 4—5 级，面积为 13.68km²、7.3km²，与砂金矿系统积极响应，是矿致异常。追索水系上游，仍存在含金的砂砾岩，而且自然金异常亦有一定的显示。因此，应加强该区水系上游自然金异常的检查与评价。3 号自然金异常分布在 1 号异常的北侧上游水系的汇水盆地中，可为扩大黄松甸子砂金矿的外围找矿规模提供依据。

35. 农坪-前山预测工作区

该区处在晚三叠世—新生代东北叠加造山-裂谷系（Ⅰ）小兴安岭-张广才岭叠加岩浆弧（Ⅱ）太平岭-英额岭火山-盆地区（Ⅲ）罗子沟-延吉火山-盆地群（Ⅳ）构造单元内。

侵入岩浆构造图显示，区内分布的地层与小西南岔-杨金沟预测工作区相同，主要为寒武系—奥陶系杨金沟组片岩夹大理岩，二叠系砂岩、砾岩以及三叠系流纹岩，珲春河流域纵横该区。断裂构造北东向、北西向、南北向为主，侵入体为海西晚期花岗岩闪长岩及燕山期的花岗岩、闪长岩类。分布有桃源洞金矿、珲春砂金矿及多处金矿点。

自然金圈出 4 处异常。其中，1 号金异常规模最大，面积为 24km²，条带状分布，空间上与分布的金矿系统积极响应，矿致特征明显，评定为Ⅰ级异常。

2 号、3 号、4 号自然金异常落位在砂金矿的外围汇水盆地，对外围砂金矿寻找有指示意义。

白钨矿异常圈出 4 处。其中，2 号、3 号异常源于含 Au、Cu、W 的变质砂岩夹变质安山岩建造，表明 2 号、3 号异常与该含矿变质建造关系密切。

黄铁矿圈出 5 处异常，Ⅱ级 2 处（1 号、2 号），Ⅲ级 3 处（3 号、4 号、5 号）。其中，2 号异常与 1 号金异常空间叠合程度较高，显示黄铁矿是区内寻找金矿的重要指示矿物。

由自然金-白钨矿-黄铁矿构成的组合异常圈出 1 处，北东向展布，中等规模，矿物含量分级以 3—4 级为主。有砂金矿系统响应，是很有价值的找矿异常区。

36. 珲春河流域

该区处在晚三叠世—新生代东北叠加造山-裂谷系（Ⅰ）小兴安岭-张广才岭叠加岩浆弧（Ⅱ）太平岭-英额岭火山-盆地区（Ⅲ）罗子沟-延吉火山-盆地群（Ⅳ）构造单元内。

该区的成矿地质背景与条件和农坪-前山预测工作区一致。自然金矿物分级图显示，珲春河流域自然金异常比较发育，可圈出矿物含量分级为 4—5 级，面积 23.44km² 的自然金异常。而且该异常对砂金矿致系统有积极支撑，是优良的矿致异常。因此，根据工作区优良的成矿条件，追溯珲春河水系上游应存在寻找相同砂金矿的可能。

37. 杜荒岭预测工作区

该区位于吉黑褶皱系（亚Ⅰ级）延边优地槽褶皱带（Ⅱ级）延边复向斜（Ⅲ级）构造单元内。在小西南岔-杨金沟的西侧。

区内出露地层以二叠系、三叠系及白垩系为主，表现为大面积的中基性火山岩、碎屑岩沉积，构成沉积岩建造和火山岩建造。侵入岩体表现为海西晚期的花岗闪长岩和燕山早期的花岗岩。分布有杜荒岭铜金矿、金矿、金仓砂金矿及金矿点，并展现在北东向、北西向构造断裂的交会处。

主要重砂矿物自然金有 3 处异常，Ⅱ级 1 处（1 号），Ⅲ级 2 处（2 号、3 号），面积分别为 33km²、1.7km²、2.2km²。其中，1 号重砂异常上游即为区内分布的金矿产，而且分布着金的主要矿源层位，即白垩系金沟岭组安山质火山碎屑岩建造和安山质集块岩角砾岩建造。以此推测 1 号自然金异常为矿致异常，可直接用于找矿。

2 号自然金异常与金仓砂金矿、杜荒岭铜金矿落位在同一汇水盆地中，作为矿床外围的找矿指标值得重视。

3 号自然金异常没有矿产响应，需要结合其他信息评价找矿。

工作区内圈定的自然金、白钨矿、磷灰石组合异常只有 1 处，为Ⅰ级，规模中等，矿物含量分级以 3—4 级为主。分布的地质背景与 1 号自然金异常相同，亦可认为具有矿化性质。可视为该区重要的找矿地段。组合异常中各重砂矿物的异常权重为自然金 47.9％，白钨矿 43.7％，磷灰石 8.36％，表明该区金是主要的成矿矿物。

结论：该区应以寻找金矿为主，白钨矿异常发育表明金成矿阶段应以高温为主，磷灰石虽然与金成矿关系不大，但磷灰石异常的出现表明区内有高温热液脉存在的可能，这与白钨矿显示的重砂意义吻合。应注意在高温热液脉中以及侵入体与围岩的接触交代中寻找金矿。

38. 长仁-獐项预测工作区

该区处在辉发河-古洞河近东西向深大断裂上，横跨本省台区和槽区两大构造单元。总体落位于槽区的延边优地槽褶皱带（Ⅱ级）延边复向斜（Ⅲ级）构造单元内。

区内主要分布有新太古代变质表壳岩，即黑云绿泥片岩，斜长角闪片；古元古界青龙村岩群，即黑云斜长片麻岩，角闪斜长岩片麻岩。少量下白垩统大拉子组火山碎屑岩。

出露的侵入岩主要是海西期的橄榄辉石岩、辉长岩以及二叠纪的闪长岩、二长花岗岩。北西向的韧性剪切带极其发育，是工作区主要的控矿构造。岩浆熔离型长仁铜镍矿床即分布在区内，并伴有多处镍矿点、铜矿点、铁矿点。

区内异常反映较好的重砂矿物有磁铁矿、黄铁矿、白钨矿、铅族矿物。而主要的重砂矿物铜族、镍黄铁矿则没有异常显示。

磁铁矿圈出 3 处Ⅲ级异常（1 号、2 号、3 号），面积为 2km²、8km²、40km²，近椭圆状或带状分布。其中，1 号异常与长仁铜镍矿积极响应，具矿致性质。

黄铁矿圈出 5 处异常，Ⅱ级 2 处（1 号、4 号），Ⅲ级 3 处（2 号、3 号、5 号）。面积分别为 12km²、3km²、3km²、11km²、3km²，长条状或不规则状。其中，1 号异常与长仁铜镍矿积极响应，亦具矿致性质。

白钨矿、铅族矿物是区内铜镍热液成矿期的产物，其重砂异常显示出主成矿期后热液活动频繁，对指示铜镍成矿的地质环境有一定作用。

其组合异常圈出 1 处，矿物含量分级以 3—4 级为主，评定为Ⅱ级。异常形态不规则，规模较大。而且，该组合异常落位在区内的韧性剪切带上，并与产出的矿产积极响应，显示磁铁矿、黄铁矿、白钨矿、铅族矿物组合异常的矿化性质。

结论：磁铁矿、黄铁矿、白钨矿、铅族矿物异常可为该区评价铜镍矿床提供重要的重砂信息。

39. 头道沟-吉昌预测工作区

该工作区落位于天山-兴蒙-吉黑造山带（Ⅰ级）小兴安岭-张广才岭弧盆系（Ⅱ级）小顶山-张广才岭-黄松裂陷槽（Ⅲ级）双阳-永吉-蛟河上叠裂陷盆地（Ⅳ级）构造单元内。

区内出露的地层主要为古生界泥盆系王家店组；上石炭统磨盘山组、石嘴子组以及二叠系寿山沟组、范家屯组的砂岩、砾岩夹灰岩建造；侏罗系弯月组安山岩夹流纹岩以及下石炭统余富屯组、二叠系大河深组的细碧角斑岩、石英角斑岩火山岩建造。侵入岩体以燕山期花岗岩为主，少量海西期闪长岩体。发育北东向和北西向断裂构造。

分布吉昌铁矿、头道川金矿及一处铜矿点。

磁铁矿异常共圈定 5 个。Ⅱ级异常 1 个，矿物含量分级以 3—4 级为主；不规则形态，异常轴向北西，中等规模。Ⅲ级异常 4 个，矿物含量分级低，长条状，轴向北东或北西，规模较小。

黄铁矿圈定 1 个Ⅰ级异常。矿物含量分级以 3—4 级为主，形状不规则，轴向近北东，规模大。

磷灰石共圈定 2 个Ⅱ级异常。矿物含量分级为 3—4 级，形状不规则，轴向北东。

磁铁矿、黄铁矿、磷灰石组合异常圈出 1 处，条带形，异常轴向北东，规模较大矿物含量分级以 3—4 级为主，评定为Ⅱ级组合异常。

上述重砂异常分布明显受断裂构造控制，是预测铁矿的主要指示矿物。

此外，区内自然金圈出 2 处自然金异常，评定为Ⅲ级，分布在烟筒山区域，面积分别为 16km^2、17km^2，与头道川金矿没有响应关系。

40. 八台岭-孤店子预测工作区

工作区位于天山-兴蒙造山带（Ⅰ）塔东弧盆（Ⅱ）大黑山条垒的北东端。

区内金银成矿岩浆系统中，古生界二叠系的变质火山-沉积岩建造是主要的控矿围岩，呈岩株产出的燕山期石英闪长岩体为成矿提供丰富的物源、热源。具有压扭性质的北东向、北北东向层间断裂为成矿提供必要的空间。此外，北西向的共轭断裂对成矿后期含矿热液的进一步运移、分布起到重要作用。

主要金属矿物组合主要有自然金、银金矿、硫银矿、辉银矿、银黝铜矿，其次为黄铁矿、黄铜矿、毒砂、方铅矿、闪锌矿等。

代表矿产为八台岭金银矿。

自然金可圈出 3 个重砂异常（1 号、2 号、3 号）。其中，2 号异常分布在八台岭金银矿控制的汇水区域的下游，具有矿致性质，可直接追溯源头指示金银找矿。

1 号异常分布在八台岭分水界的北侧汇水区域，面积 2.43km^2。地质背景与八台岭金银矿相近，是有利的找矿地段。

3 号异常分布在工作区的东南角，地质背景与八台岭金银矿相近，值得重视。

自然金-白钨矿-黄铁矿组合异常有 1 处，分布在工作区的东南角，和 3 号自然金异常吻合，与典型矿床不存在响应关系。而在八台岭汇水区域，白钨矿、黄铁矿的矿物含量分级较低，没有异常显示。因此，区域上能够提供找矿线索的重砂矿物主要是自然金。

41. 民主屯预测工作区

工作区位于东北叠加造山-裂谷系（Ⅰ）小兴安岭-张广才岭叠加岩浆弧（Ⅱ）张广才岭-哈达岭火山-盆地区（Ⅲ）大黑山条垒火山-盆地群（Ⅳ）内，属于丘陵、低山森林景观区。

区域出露的地层主要有石炭系、二叠系、侏罗系和第四系。其中以下石炭统余富屯组的海相火山-

沉积岩为主要赋矿层位,岩性为大理岩、细碧-角斑岩、板岩以及糜棱岩、千糜岩,该岩系是成矿物质的主要来源。

主要的控矿构造为北东走向的韧性剪切带;燕山期的岩浆热液活动为成矿提供了良好条件。

金属矿物组合为黄铁矿、黄铜矿、毒砂、闪锌矿、磁铁矿、辉锑银矿、锑银矿、自然银等。

代表矿产为磐石民主屯金银矿。

自然金圈出3个异常(1号、2号、3号)。其中1号、2号异常与民主屯金银矿没有响应关系,所控制的水系上游亦没有相关矿产分布,二者属于未知异常区。3号异常分布在民主屯金银矿上游同一水系内,对寻找金银矿存在一定的指示意义。

从地质背景上看,1号、3号异常分布区均有石炭系的细碧-角斑岩系以及燕山期的花岗岩类侵入体,具备良好的成矿地质条件,应依据其释放的重砂信息追溯水系源头的矿化目标。

2号异常位于大黑山钼矿的下游,应与岩浆热液活动有关。

自然金-白钨矿-黄铁矿组合异常圈出1处,即为3号自然金异常的分布地段。该组合异常为民主屯金银矿外围找矿提供了重要依据。

42. 西林河预测工作区

矿区位于中朝准地台(Ⅰ)辽东台隆(Ⅱ)铁岭-靖宇台拱(Ⅲ)龙岗断块(Ⅳ)的北东端,属于中低山森林景观区。

区域上出露的地层主要有太古宇花岗绿岩地体,古元古界老岭岩群上亚群班房沟岩组和珍珠门岩组,中元古界色洛河群,新元古界青白口系钓鱼台组,中生界侏罗系小营子组、果松组、石人组,新生界第三系、第四系。其中,太古宇花岗绿岩地体与古元古界老岭岩群珍珠门岩组大理岩接触带是主要的控矿部位。

矿区构造活动频繁,早期形成的韧性剪切带内糜棱岩化非常发育,糜棱岩带由太古宇花岗质糜棱岩与元古宇糜棱岩化大理岩构成。西林河银矿主要受在糜棱岩带内形成的北东向脆性断裂控制。此外,北西向的压扭性断裂控制着金矿的分布。

燕山期的西林河侵入体与金银矿关系密切,是金银矿形成的主要热源。

主要的金属矿物有辉银矿、黄铁矿、黄铜矿、方铅矿、闪锌矿、辉锑矿。

代表矿床是西林河银矿。

区内圈出自然金异常5处。其中,3号与西林河银矿积极响应,是优质的矿致异常,直接指示西林河银矿的存在位置。

1号、2号异常分布在西林河金银矿北侧的汇水区域,矿物含量分级以4—5级为主,面积分别为$2.64km^2$、$6.66km^2$。其地质背景主要是古元古界的变质岩建造,受北东向、北西向的共轭断裂控制,与西林河金银矿成矿地质条件相近,是西林河金银矿外围找矿有望地段。

4号、5号异常分布在典型矿床的东部水域,距离较远。矿物含量分级较高,面积分别为$2.99km^2$、$2.37km^2$,有安图县湾沟金矿点响应,具矿致性质,对预测Au、Ag矿有指示作用,是另一处有望预测地段。

由自然金-白钨矿-黄铁矿构成的组合异常有3个,分别与1号、2号、3号自然金异常叠加,表明在该汇水盆地空间,组合矿物的矿致性是多目标、多层次的。应用矿物组合异常指示效果更显著,更具备实际意义。

43. 百里坪预测工作区

工作区位于华北地台北缘东段和龙地块内,图们江大断裂西侧,属于白头山火山岩覆盖中低山森林、沼泽景观区。

自太古宙以来工作区经历了多期次的变质作用和复杂的构造活动,为成矿元素的迁移和富集创造了十分有利的条件。

区内岩浆活动频繁,侵入岩分布广泛,岩体多次侵位,形成时代有中元古代晋宁期、海西期及燕山早期。岩石类型从中性到酸性,以酸性为主。与成矿有关的主要是晋宁期花岗岩,该期花岗岩侵入规模大,呈岩基状大面积分布于二道江—百里坪一带。面积千余平方千米,为一复式岩体,以百里坪为中心,统称为百里坪岩体。岩性组合为斜长花岗岩、二长花岗岩、似斑状二长花岗岩,岩体中含有太古宙及老岭岩群地层的残留体。区内不同期次的花岗斑岩、闪长玢岩、石英闪长玢岩岩脉、成群出现,一般宽几米至几十米。主要呈北东向、北西向及近东西向展布。

分布的断裂构造主要有近东西向、北西向、北东向。其中,近东西向的断裂构造及脆韧性剪切带是矿床所在区域重要的控矿构造;北西向、北东向是成矿后构造。

主要的金属矿物有黄铁矿、方铅矿、闪锌矿、黄铜矿、辉钼矿、自然银、银金矿等。

主要共生矿物自然金圈出 7 个异常。其中,4 号、6 号、7 号异常围绕百里坪银矿分布,即落位在百里坪银矿控制水系的下游,面积分别为 $0.99km^2$、$1.23km^2$、$1.07km^2$,矿物分级含量较低。从响应关系上看,百里坪银矿应是 4 号、6 号、7 号异常的矿致源,提供周围汇水盆地自然重砂来源。因此,4 号、6 号、7 号异常的找矿指示作用是很明显的。

1 号、2 号、3 号、5 号异常分布在百里坪银矿的西部汇水区域,没有矿致源响应,但分析其地质背景可知,异常均落位在晋宁期花岗岩体中,北东向、北西向断裂发育,显示优良的成矿条件。因此,1 号、2 号、3 号、5 号异常为百里坪银矿外围找矿预测提供了重要的重砂信息。

由自然金-白钨矿-黄铁矿构成的组合异常有 4 个,分别与 1 号、2 号、3 号、5 号自然金异常对应,其落位的汇水盆地是有望找矿地段。

Ag 的化探异常呈带状分布,浓集中心明显,空间上与重砂异常紧密叠合。

总之,预测区是寻找银矿的重要远景区域,重砂以及化探异常的有效结合是找矿有力手段。

44. 上甸子-七道岔预测工作区

该工作区处于前南华纪华北东部陆块（Ⅱ）、胶辽吉元古代裂谷带（Ⅲ）老岭拗陷盆地（Ⅳ）内构造单元上,属于中低山森林景观区。

区内主要分布古元古界集安岩群（荒岔沟组、大东岔组）和老岭变质岩群（珍珠门岩组、大栗子岩组）以及新元古界青白口系的变质砂岩,岩性以变粒岩、片麻岩、石英砂岩、大理岩为主。工作区的北侧局部分布有太古宇龙岗岩群的变质岩建造。与金银成矿关系密切的主要是寒武系的沉积建造,岩性为页岩、灰岩,是主要的含矿围岩。区内断裂构造极其发育,北东向呈蛇形延伸的韧性剪切带是主要的控矿构造。燕山期的岩浆侵入活动最为强烈,与成矿关系密切的主要是呈岩株产出的花岗斑岩体。

金属矿物主要为黄铁矿、方铅矿、闪锌矿,其次为黄铜矿、蓝铜矿、黝铜矿、银黝铜矿等。

分布的矿产有与侵入岩浆热液有关的刘家铺子-狼洞沟金银矿。

区内主要的共生矿物自然金有 3 个异常,分布在工作区的东部水域,面积分别为 $1.55km^2$、$1.38km^2$、$1.35km^2$,矿物含量分级较高。水系上游分布有花山淘金沟金银矿、老三队金矿点等矿产,说明自然金异常具有矿致性质,对追索源头金矿具有直接指示意义。

在刘家铺子-狼洞沟金银矿控制的汇水区域主要重砂矿物（自然金、白钨矿、铜族矿物、铅族矿物）没有异常响应,相关重砂异常对典型矿床不支持。因此,应用重砂信息指导刘家铺子-狼洞沟式金银矿的寻找效果不理想。

黄铁矿重砂异常圈出 1 处Ⅲ级异常,含量分级较高,面积 3.81km²。没有矿致源响应,对荒沟山硫铁矿典型矿床不支持,对硫铁矿的找矿指示作用有限。

45. 大石河-尔站预测工作区

工作区位于东北叠加造山-裂谷系(Ⅰ级)小兴安岭-张广才岭叠加岩浆弧(Ⅱ级)张广才岭-哈达岭火山-盆地区(Ⅲ级)南楼山-辽源火山-盆地群(Ⅳ级)大地构造单元内,属敦化-珲春中低山森林、沼泽景观区。

区域上主要分布燕山期的花岗岩类侵入体,岩性为花岗闪长岩、二长花岗岩、正长花岗岩,其次为海西期和加里东期的花岗岩类侵入体,地层以上古生界的砾岩、砂岩夹薄层灰岩为主。

呈北东向延伸的西北岔断裂构造是主要的控岩控矿构造,具有压扭性质,区内的侵入岩体及脉岩体均受此控制。主要的容矿构造为隐爆角砾岩筒,岩筒中的构造裂隙(劈理)十分发育,是含矿热液的重要运移通道,在裂隙发育的中心部位是高品位辉钼矿的赋存区段。

金属矿物主要为黄铁矿、磁黄铁矿、辉钼矿、黄铜矿、方铅矿、闪锌矿等。

代表性矿物白钨矿圈出 3 个异常,面积分别为 11.80km²、12.49km²、4.22km²。其所分布的汇水区域没有矿致源响应,与大石河钼矿亦不存在响应关系,找矿信息不明朗。但从地质背景上看,4 个异常受燕山期的花岗岩类侵入体建造控制,表明重砂异常客体的形成应与燕山期的岩浆活动有关。可据此信息追溯重砂异常客体所处水系源头的矿化线索。

白钨矿-锡石组合异常圈出 3 个,组合异常中的单矿物含量水平较低,对大石河钼矿不支持。异常的形成主要源于燕山期的岩浆活动系统,是否具有矿致性还需要验证。

总之,区内主要重砂矿物的异常矿化信息呈弱势,缺乏指示效果。

46. 前撮落-火龙岭预测工作区

工作区位于东北叠加造山-裂谷系(Ⅰ级)小兴安岭-张广才岭叠加岩浆弧(Ⅱ级)张广才岭-哈达岭火山-盆地区(Ⅲ级)南楼山-辽源火山-盆地群(Ⅳ级)大地构造单元内,属丘陵、低山森林景观区。

区域出露古生界寒武系—奥陶系变粒岩与大理岩构成变质岩建造。中生界流纹质-安山质火山碎屑岩(含 Cu),南楼山组安山岩、凝灰质角砾岩、流纹岩(含 Cu)火山岩建造。沉积岩系列以砂岩、灰岩和凝灰岩为主。

侵入岩体以海西晚期辉长岩、二长花岗岩以及燕山期的闪长岩、花岗岩类为主,大黑山钼矿、四方甸子钼矿与后者关系密切。发育北东向、北西向及近南北向的断裂构造。

区域上看,东西向的撮落屯-大顶子断裂构造控制了燕山期花岗类岩体的侵入,北西向的茨芽岗-大黑山断裂构造控制了含矿斑岩体,其断裂交会处是钼成矿最有利部位。

矿石矿物主要有辉钼矿、黄铁矿、黄铜矿以及少量方铅矿、闪锌矿。

分布的矿产有钼矿、铜矿、铅锌矿等。其中,铜矿、铅锌矿主要与火山岩建造有关,而钼矿受控于燕山期的花岗斑岩体,如大黑山钼矿、四方甸子钼矿以及兴隆钼矿、火龙岭钼矿,沿北西向断裂展布,构成钼成矿带。

主要指示矿物辉钼矿圈出 2 处重砂异常,矿物含量分级较高,面积为 3.40km² 和 5.97km²。二者分布在钼成矿带的西南部水域集水口,对钼典型矿床不支持。分析其地质背景,异常所处水系源头均有燕山期的花岗岩体侵入。其中,1 号异常(辉 1)没有矿致源响应,追索其源头应注意斑岩型钼矿化痕迹;与 2 号辉钼矿可能存在响应关系的矿致源有铜矿和金银矿。因此,依据 2 号辉钼矿重砂异常信息追溯源头钼矿化的同时,对火山岩型的金银矿、铜矿也有间接指示作用。

主要的共生矿物白钨矿在钼矿控制的汇水盆地内都有较好的异常反映,显示出与钼矿积极的响应关系,具备优良的矿致性,对预测钼矿提供了重要的间接指示信息。

由辉钼矿-白钨矿-铜族矿物构成的组合异常有 1 个,面积 3.45km^2,空间上与 2 号辉钼矿异常叠合,释放综合性的重砂指示信息。

结论:工作区重砂异常较发育,指示效果显著,可以提供重要的找矿预测信息。同时说明,在主要矿物缺少直接指示效果的状况下,具备间接指示效应的共伴生矿物将起到重要作用。

47. 六道沟-八道沟预测工作区

该区位于华北叠加造山-裂谷系(Ⅰ级)胶辽吉叠加岩浆弧(Ⅱ级)吉南-辽东火山-盆地区(Ⅲ级)长白火山-盆地群(Ⅳ级)构造单元内,属于中低山森林、沼泽景观区。

工作区主要出露古元古界老岭岩群大栗子岩组千枚岩夹大理岩变质建造。三叠系、侏罗系的安山岩、安山质火山碎屑岩、流纹岩以及流纹质火山碎屑岩,构成的是火山岩建造。沉积岩建造主要由下古生界的砂岩、灰岩构成。侵入岩体有早元古代的巨斑花岗岩,而燕山期的呈岩株产出的闪长岩、花岗闪长岩、花岗斑岩与铜钼成矿关系密切。发育北东向的断裂构造。其中,成矿受控于老岭岩群大栗子岩组千枚岩夹大理岩变质建造,区域控矿构造为北东向鸭绿江断裂。

矿物组合主要为黄铜矿、辉钼矿、斑铜矿、闪锌矿,次为方铅矿、闪锌矿、磁铁矿、黄铁矿、硫砷铜矿、黝铜矿、镜铁矿。

典型矿床为六道沟矽卡岩型铜钼矿。

具有直接指示意义的辉钼矿、铜族矿物没有异常反映。主要共生矿物白钨矿圈出 1 个异常,含量分级较高,面积为 6.78km^2。该异常分布在六道沟铜钼矿的下游汇水区域,显示矿致性质,可直接用于上游铜钼矿的找矿预测。重砂异常形态表明,矿床处于剥蚀主期,矿物剥蚀量大,搬运强烈。

48. 西台子预测工作区

工作区域位于东北叠加造山-裂谷系(Ⅰ级)小兴安岭-张广才岭叠加岩浆弧(Ⅱ级)张广才岭-哈达岭火山-盆地区(Ⅲ级)南楼山-辽源火山-盆地群(Ⅳ级)大地构造单元内,属于低山、丘陵森林景观区。

区域地层主要为二叠系范家屯组火山岩建造和古近系渐新统桦甸油页岩组。其中,桦甸油页岩组下段为主要含矿层位,受向南东倾没的向斜构造控制。矿体赋存在内陆盆地强还原沉积环境下的含煤层位中,为湖相沉积型。

侵入岩主要是燕山晚期的花岗闪长岩,局部有硅化、黄铁矿化及绢云母化。组成矿物为黄铁矿、白铁矿及煤岩成分。

主要指示矿物黄铁矿圈出 3 个异常,含量分级较高,面积分别为 7.55km^2、2.41km^2、4.71km^2。其中,1 号异常与西台子硫铁矿积极响应,具备优良的矿致性质,评定为Ⅰ级异常,是直接找矿指示标志。

2 号异常落位在水系集水口,水系上游有硫铁矿点分布,表明该异常与硫铁矿化有关,具矿致性质,对追索源头找矿有指示作用。

3 号异常没有矿致源响应,评定为Ⅲ级异常,但其地质背景却是具控矿作用的桦甸油页岩组,具有优良的成矿地质条件,是未知汇水盆地找矿预测的重要异常源。

总之,工作区成矿地质条件优良,黄铁矿重砂异常比较发育,可提供重要的重砂找矿信息。

49. 头道沟预测工作区

工作区位于天山-兴蒙-吉黑造山带(Ⅰ级)小兴安岭-张广才岭弧盆系(Ⅱ级)小顶山-张广才岭-黄

松裂陷槽（Ⅲ级）双阳-永吉-蛟河上叠裂陷盆地（Ⅳ级）大地构造单元内，属于台地、丘陵、低山森林景观区。

区域上主要出露寒武系变质岩以及上古生界的火山碎屑岩-碳酸盐岩建造，其次为中生界的含煤砂岩岩层夹火山碎屑岩。岩浆岩为燕山期的花岗岩、闪长岩类，形成于印支期的具有控矿作用的超基性岩体有2处，蛇纹石化强烈，岩体内有硫铁矿分布。

金属矿物有铬尖晶石、赤铁矿、褐铁矿、磁铁矿、黄铁矿、针镍矿、硫钴矿等。

铬尖晶石圈出6个重砂异常，含量分级较高，面积分别为3.99km^2、3.13km^2、0.79km^2、3.07km^2、4.71km^2、1.14km^2。这6处重砂异常与分布的超基性岩体没有直接的响应关系，水系源头亦没有硫铁矿致源存在，应与火山岩有关，对铬铁矿预测指示作用不明显。

50. 开山屯预测工作区

工作区位于天山-兴蒙-吉黑造山带（Ⅰ级）小兴安岭-张广才岭弧盆系（Ⅱ级）小顶山-张广才岭-黄松裂陷槽（Ⅲ级）双阳-永吉-蛟河上叠裂陷盆地（Ⅳ级）大地构造单元内，属于白头山火山岩覆盖中低山、森林、沼泽景观区。

区内主要出露太古宇、元古宇、古生界岩群，构成变质岩建造。三叠系、白垩系的安山岩构成火山岩建造。石炭系、二叠系、三叠系、白垩系的砂岩、砾岩构成沉积岩建造。岩浆岩有海西晚期的超基性岩体、花岗闪长岩以及燕山早期花岗岩。其中，超基性岩体主要分布在区内的石博洞、孤石洞、草坪、彩秀洞等地段，是铬铁矿的主要控矿岩体。北东向、北西向断裂构造发育，其断裂交会处是成矿有利空间。

矿物组成有铬铁矿、赤铁矿、褐铁矿、磁铁矿、黄铁矿、针镍矿、硫钴矿和六方硫钴矿等。

代表性矿产为开山屯铬铁矿。

具备直接指示作用的铬铁矿圈出4个重砂异常，含量分级较高，面积分别为1.93km^2、4.62km^2、0.89km^2、1.28km^2。其中，1号、3号、4号异常落位在开山屯铬铁矿控制水域的下游，且与出露的超基性岩体积极响应，Cr的化探异常亦提供有力的佐证。据此认为重砂异常源于开山屯铬铁矿成矿系统，具有优良的矿致性和找矿指示意义。

2号异常分布在开山屯铬铁矿的相邻汇水盆地，其源头分水岭分布有控矿的超基性岩体。在该处圈出1处铬铁矿-铬尖晶石-橄榄石-辉石组合异常，面积6.87km^2。因此，该组合异常可为外围找矿预测提供重要依据。

结论：该区成矿地质条件优良，重砂异常发育，找矿指示作用明显，是扩大铬铁矿资源的重要预测区域。

51. 高台沟预测工作区

工作区位于吉南-辽东火山-盆地区，抚松-集安火山-盆地群大地构造单元内，属于通化中低山森林景观区。

区内主要出露古元古界集安岩群，包括蚂蚁河岩组、荒岔沟组、大东岔组，岩性以斜长角闪岩、黑云变粒岩以及白云质大理岩、含硼蛇纹岩、橄榄大理岩等为主。其中，蚂蚁河岩组为主要含矿层位，沉积变质改造成因的高台沟硼矿即受此层位控制。

区域构造有轴向近东西的复式向斜褶皱；断裂以近东向展布的推覆构造和北向的平移断层为主。前者为硼矿提供成矿空间，后者为成矿期后形成，对矿体有一定的破坏作用。

主要的矿石矿物有硼镁石、硼镁铁矿、橄榄石、蛇纹石、菱镁石、磁铁矿等。

主要指示矿物硼镁铁矿没有重砂异常，与之紧密共生的矿物是磁铁矿、橄榄石。

磁铁矿圈出 1 个异常,矿物含量分级较高,面积为 0.87km²,与高台沟硼矿积极响应,是硼富集成矿的产物,对硼矿具有重要的间接指示作用。

橄榄石系高温热液矿物,与硼镁铁矿紧密共生。在区内圈出 2 个异常,矿物含量分级较低,面积为 2.85km²、3.54km²。其中,2 号异常分布在硼矿相邻水域,地质背景与高台沟硼矿接近,对预测硼镁铁矿有一定帮助。

第五章 自然重砂找矿模型综合研究

在吉林省重砂综合异常的基础上圈定找矿靶区。以典型矿床的自然重砂资料为基础，综合研究典型矿床的自然重砂综合异常特征，结合成矿地质背景、成矿地质条件以及化探、物探异常，建立典型矿床的自然重砂综合异常模型，并根据重砂异常模型在Ⅴ级成矿带内进行找矿预测。

第一节 找矿靶区划分

根据吉林省自然重砂综合异常的分布特征及主要的预测矿种，在吉林省Ⅴ级找矿远景区的基础上进一步划分找矿靶区，见图5-1-1，表5-1-1。

其中A级找矿靶区13个；B级找矿靶区19个；C级找矿靶区21个。

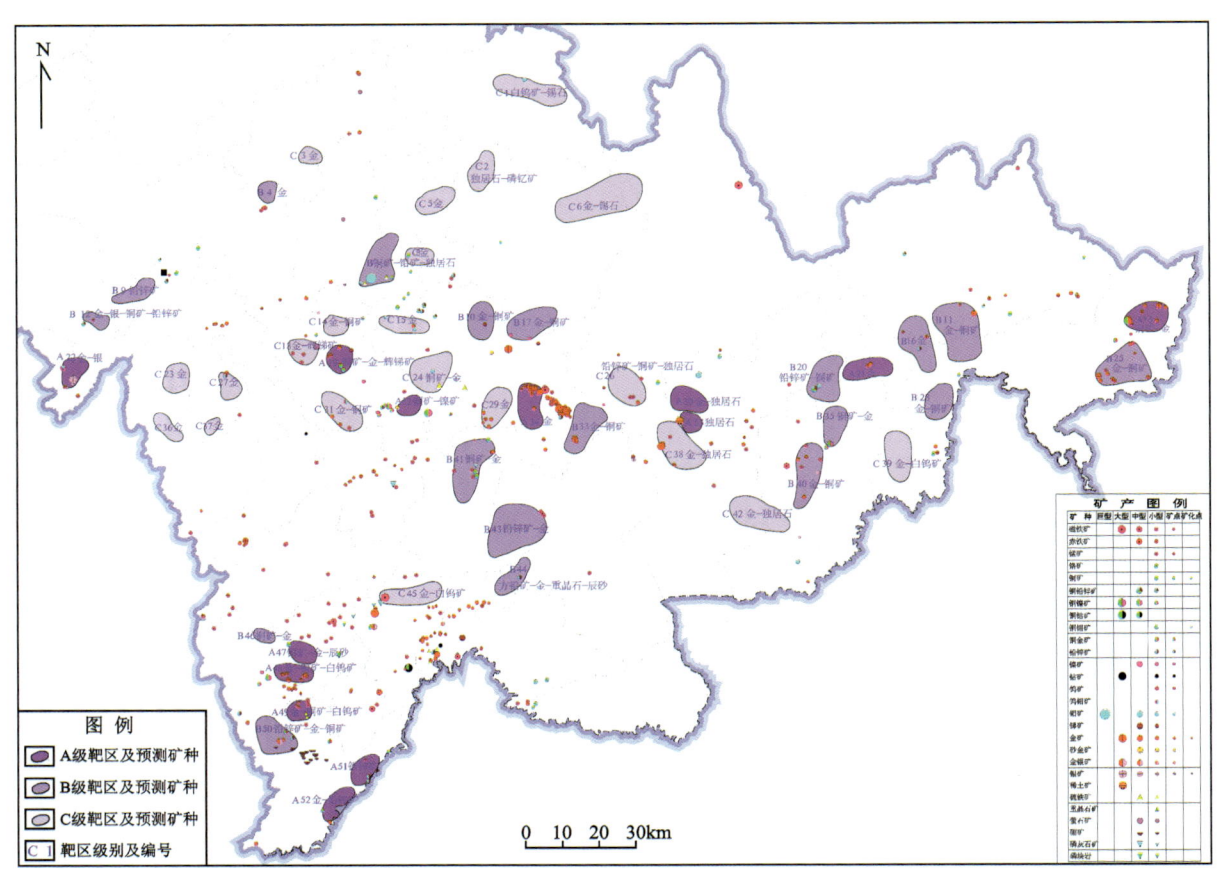

图5-1-1 吉林省自然重砂找矿靶区图

A级找矿靶区:成矿地质背景和成矿地质条件十分有利,已知矿床、矿(化)点响应强烈,有甲级重砂及化探综合异常为佐证,找矿潜力大,能扩大矿床规模或有新突破。

B级找矿靶区:成矿地质背景和成矿地质条件有利,有乙级以上重砂及化探综合异常存在,同时已知有矿点以上规模的矿产信息,预测有较大找矿价值区段。

C级找矿靶区:有一定的成矿地质条件,有丙级以上的重砂、化探综合异常或矿化线索控制,有找矿前景区段。

表 5-1-1 吉林省自然重砂找矿靶区划分一览

级别及编号	所在预测工作区或名称	划分依据	预测矿种
A13	小西南岔-杨金沟预测工作区	分布小西南岔金铜矿及甲类综合异常,成矿地质条件优越	金矿、铜矿
A19	石嘴-官马预测工作区	分布石嘴铜矿、官马金矿及甲类综合异常,成矿地质条件优越	金矿、铜矿
A21	五凤预测工作区	分布五凤金矿及甲类综合异常,成矿地质条件优越	金矿
A22	山门预测工作区	分布山门金银矿及甲类综合异常,成矿地质条件优越	金矿、银矿
A30	万宝预测工作区	分布有铜矿产及甲类综合异常,成矿地质条件优越	金矿、铜矿
A32	红旗岭预测工作区	分布红旗岭铜镍矿及甲类综合异常,成矿地质条件优越	铜矿、镍矿
A34	夹皮沟预测工作区	分布夹皮沟矿田及甲类综合异常,成矿地质条件优越	金矿、铜矿
A47	二密-老岭沟预测工作区	分布二密铜矿及甲类综合异常,成矿地质条件优越	铜矿
A48	赤柏松-金斗预测工作区	分布铜镍矿、金矿及甲类综合异常,成矿地质条件优越	金矿、铜矿、镍矿
A49	正岔-复兴屯预测工作区	分布多处金矿产及甲类综合异常,成矿地质条件优越	金矿
A51	矿洞子-青石镇预测工作区	分布矿洞子铅锌矿、郭家岭铅锌矿及甲类综合异常,成矿地质条件优越	铅锌矿
A52	古马岭-活龙预测工作区	分布下活龙金矿及甲类综合异常,成矿地质条件优越	金矿、铅锌矿
A53	西北岔预测工作区	分布东青独居石矿及甲类综合异常,成矿地质条件优越	独居石矿
B4	兰家预测工作区	分布乙类综合异常,成矿地质条件有利,外围有兰家金矿积极响应	金矿
B7	大黑山-锅盔顶子预测工作区	分布乙类综合异常,独居石重砂异常发育,成矿地质条件有利,有钼矿及铜矿点积极响应	铜矿、钼矿、独居石矿
B9	放牛沟预测工作区	分布乙类综合异常,成矿地质条件有利,外围有放牛沟多金属矿积极响应	铅锌矿
B10	漂河川预测工作区	分布乙类综合异常,成矿地质条件有利,外围有镍矿、金矿等积极响应	金矿、铜矿、镍矿
B11	刺猬沟-九三沟预测工作区	分布乙类综合异常,成矿地质条件有利,有金矿、铜矿点等积极响应	金矿、铜矿
B12	山门预测工作区	分布乙类综合异常,成矿地质条件有利,有金矿、铜矿及铅锌矿点等积极响应	银矿、金矿、铅锌矿
B16	闹枝-棉田预测工作区	分布乙类综合异常,成矿地质条件有利,有金矿、铅锌矿点积极响应	金矿
B17	漂河川预测工作区	分布有镍矿点及乙类综合异常,成矿地质条件有利,外围有金矿点积极响应	铜矿、镍矿、金矿

续表 5-1-1

级别及编号	所在预测工作区或名称	划分依据	预测矿种
B20	天宝山预测工作区	分布有铜铅锌矿点及乙类综合异常,成矿地质条件有利	铜铅锌多金属矿
B25	农坪-前山预测工作区	分布有金矿、钨矿及乙类综合异常,成矿地质条件有利,外围有金铜矿积极响应	铜矿、金矿、钨矿
B28	月晴镇	分布有乙类综合异常,成矿地质条件有利,外围有金谷山、后底洞金矿及前安山村铜矿点积极响应	铜矿、金矿
B33	夹皮沟-溜河预测工作区	分布有六匹叶金矿、大线沟金矿及乙类综合异常,成矿地质条件有利,外围有铜矿点积极响应	金矿、铜矿
B35	长仁-獐项预测工作区	分布有长仁铜镍矿及乙类综合异常,成矿地质条件有利,外围有金矿积极响应	铜矿、金矿、镍矿
B40	金城洞-木兰屯预测工作区	分布有金城洞金矿及乙类综合异常,独居石重砂异常发育,成矿地质条件有利,外围有铜镍矿点积极响应	金矿、铜矿
B41	天合兴-那尔轰预测工作区	分布有天合兴铜矿及乙类综合异常,并有那尔轰铜矿点、金矿点积极响应,成矿地质条件有利	铜矿、金矿
B43	大营-万良预测工作区	分布有乙类综合异常,自然金、辰砂、重晶石异常发育,成矿地质条件有利,外围有铅锌矿积极响应	铅锌矿、金矿等
B44	大营-万良预测工作区	分布有大营铅锌矿及乙类综合异常,成矿地质条件有利	铅锌矿
B46	二密-老岭沟预测工作区	分布有乙类综合异常,成矿地质条件有利,外围有铜矿积极响应	铜矿、金矿
B50	正岔-复兴屯预测工作区	分布有正岔铅锌矿、复兴屯铜金矿及金厂沟、西岔金矿,圈定乙类综合异常,成矿地质条件有利	铅锌矿、铜矿、金矿
C1	福安堡预测工作区	分布丙类综合异常,有福安堡钼矿响应,重砂异常较弱,有一定的成矿地质条件	钨矿、锡矿
C2	天岗镇	分布丙类综合异常,独居石、磷钇矿异常发育,有一定的成矿地质条件	稀土矿
C3	土门岭西南	分布丙类综合异常,存在自然金异常,有一定的成矿地质条件	金矿
C5	江密峰南	分布丙类综合异常,存在自然金异常,有一定的成矿地质条件	金矿
C6	大荒顶子预测工作区	分布丙类综合异常,存在锡石重砂异常,有一定的成矿地质条件	锡矿
C8	旺起镇西	分布铜矿点及丙类综合异常,存在自然金异常,有一定的成矿地质条件	金矿
C14	头道沟-吉昌预测工作区	分布丙类综合异常,重砂异常较弱,外围有铜、金矿点响应,具备一定的成矿地质条件	铜矿、金矿
C15	地局子-倒木河	分布丙类综合异常,重砂异常较弱,有金矿点、钼矿点响应,具备一定的成矿地质条件	金矿
C18	明城镇	分布丙类综合异常,重砂异常较弱,外围有金矿点、铜矿点响应,具备一定的成矿地质条件	金矿
C23	建安镇	分布丙类综合异常,重砂异常较弱,外围有金矿点响应,具备一定的成矿地质条件	金矿
C24	桦甸镇	分布丙类综合异常,重砂异常较弱,具备一定的成矿地质条件	金矿、铜矿

续表 5-1-1

级别及编号	所在预测工作区或名称	划分依据	预测矿种
C26	大蒲柴河镇	分布丙类综合异常,存在铅族矿物及独居石异常,外围有铜矿点响应,具备一定的成矿地质条件	铅锌矿、铜矿、稀土矿
C27	沙河镇西	分布丙类综合异常,重砂异常较弱,有金矿点响应,具备一定的成矿地质条件	金矿
C29	红石镇	分布丙类综合异常,重砂异常较弱,有金矿响应,具备一定的成矿地质条件	金矿
C31	细林镇	分布丙类综合异常,存在较弱的铜族矿物异常,有金矿响应,具备一定的成矿地质条件	金矿、铜矿
C36	安恕镇	分布丙类综合异常,重砂异常较弱,具备一定的成矿地质条件	金矿
C37	渭津镇东	分布丙类综合异常,重砂异常较弱,具备一定的成矿地质条件	金矿
C38	两江镇	分布丙类综合异常,重砂异常较弱,有金矿响应,具备较好的成矿地质条件	金矿
C39	智新镇	分布丙类综合异常,重砂异常较弱,外围有金矿响应,具备较好的成矿地质条件	金矿
C42	松江镇东南	分布丙类综合异常,存在较好的独居石异常,外围有金矿响应,具备一定的成矿地质条件	金矿、稀土矿
C45	孙家堡镇	分布丙类综合异常,存在较好的白钨矿异常,外围有金矿响应,具备一定的成矿地质条件	金矿、钨矿

第二节 自然重砂综合异常找矿预测模型

选择重砂矿物异常表现较好的典型矿床进行综合研究。

(1)四平山门金银矿床落位在山门预测工作区内。

矿体主要产于上奥陶统石缝组与印支期、燕山期侵入岩体的内、外接触带中,多为隐伏状态存在,为岩浆热液型矿床。区内大面积出露的印支期和燕山期中酸性侵入体为矿床的形成提供了充足的热源及成矿物质。

自 20 世纪 60 年代初开始地质普查至 1987 年发现山门金银矿床,各种找矿手段的进行和技术成果的问世,使山门金银矿床研究程度达到新的水平。特别是 1987 年开始的外围找矿,又发现了新矿体、新矿点,同时圈定了进一步找矿远景区。本次工作重新圈定了预测工作区 1∶5 万比例尺的自然金、铅族矿物、白钨矿、辰砂重砂异常及其组合异常(按照矿物含量分级及面积大小进行排序:白钨矿-辰砂-铅族矿物-自然金),并套合化探异常构成较强的异常显示。

分布在山门成矿带内的重砂综合异常有 3 个,对应的找矿靶区有 2 个。其中,22 号 A 级找矿靶区是山门金银矿床的具体体现,面积近 144km²,其边界范围是山门矿致系统外围重砂找矿的重要依据。而分布在工作区内孟家岭的 12 号 B 级找矿靶区,其成矿地质背景和条件与山门金银矿床相近,可评定为寻找相同类型金银矿的重要找矿靶区异常。围绕 22 号 A 级找矿靶区异常套合中心分布的重砂异常,亦可为靶区定位及预测增添筹码。总结山门成矿区自然重砂找矿预测模型,见图 5-2-1,表 5-2-1。

(2)夹皮沟金矿田分布在夹皮沟-溜河成矿带内。

金矿成因复杂,为复合内生型矿床。出现的重砂矿物有自然金、铅族矿物、铜族矿物、泡铋矿、白钨

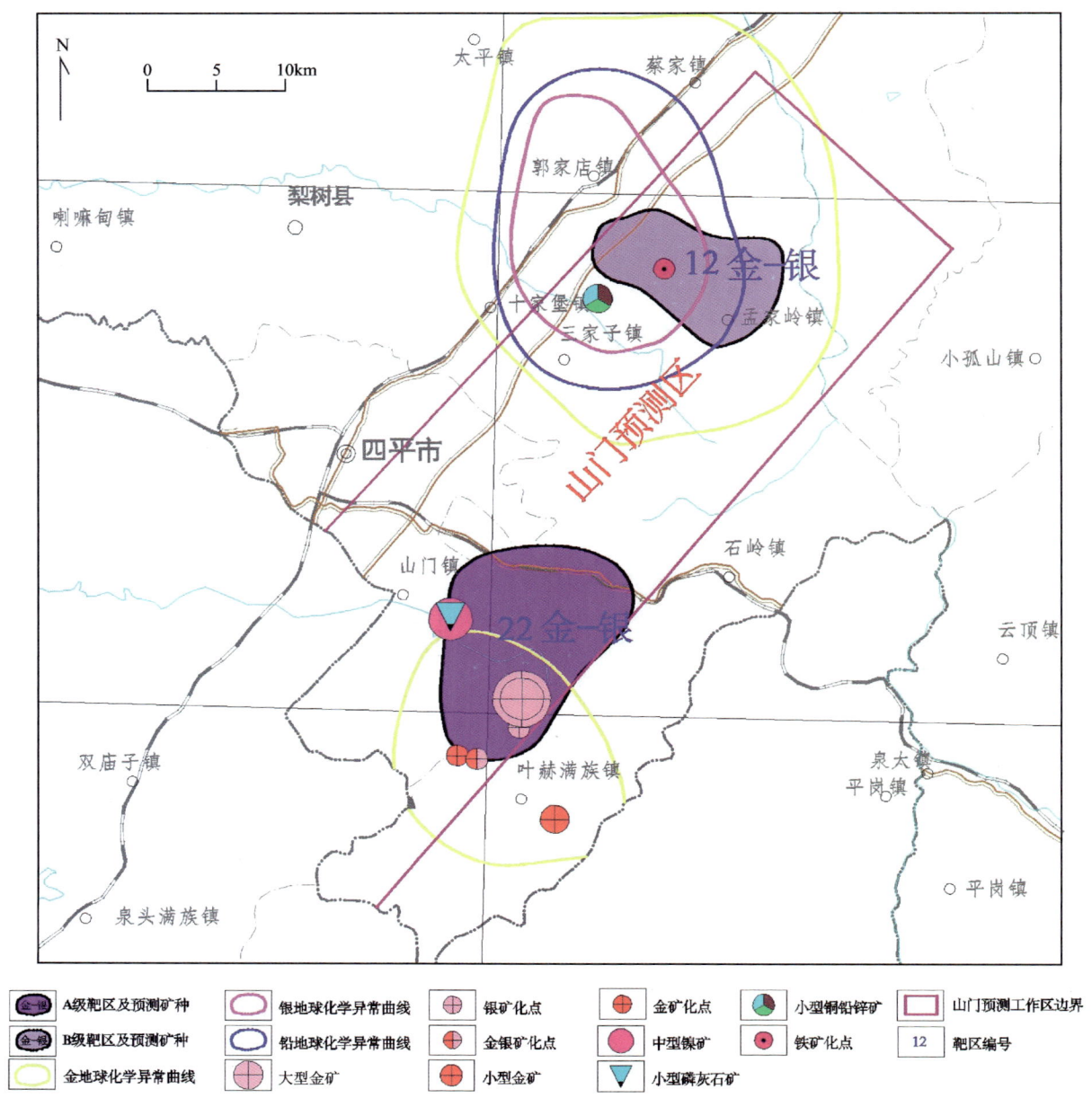

图 5-2-1　山门成矿区重砂预测靶区图

矿、辰砂、黄铁矿、重晶石、独居石等。矿物含量分级图显示,自然金、白钨矿、黄铁矿、独居石矿物含量分级为 3—4 级甚至达 5 级以上,由其构成的组合异常规模较大,级别较高。综合异常圈出 3 处,甲级 1 处(40 号),面积 177.95km²,乙级 2 处(44 号、52 号),面积分别为 131km² 和 78km²。甲级综合异常围绕夹皮沟金矿存在,对应的是 34 号 A 级找矿靶区。其东侧的 2 个乙级综合异常评定为 B 级找矿靶区(33 号),是该区最重要的找矿靶区异常。对比夹皮沟金矿,34 号 A 级找矿靶区有望进一步扩大矿床规模。而 33 号 B 级找矿靶区为在该区寻找相同类型的金矿提供了重砂依据。

表 5-2-1　山门金银矿自然重砂找矿预测模型

重砂预测要素	描述内容
预测成矿类型	岩浆热液型矿床
预测矿种	金、银
预测区域	孟家岭 12 号找矿靶区（20 号、21 号综合异常）
类比对象	四平山门大型金银矿床
主成矿矿物	自然金、铅族矿物（自然银没有显示）
矿物组合	自然金、白钨矿、铅族矿物、辰砂
组合异常分布特征及评价	由自然金、铅族矿物、白钨矿、辰砂构成的 29 号组合异常，不规则状，异常轴向近北东向展布，与容矿构造展布方向一致，而且主要的金银矿床、矿点均分布在北东向构造带上。证明区内该组合异常的矿致性质
综合异常特征	20 号、21 号综合异常，级别乙级，面积累加为 51km^2，铅族矿物、白钨矿、辰砂矿物含量级别达 4—5 级。自然金以 1—2 级为主，含量分级虽然低，但自然金异常集中分布在水系上游，利于矿源体的追踪与圈定
成矿背景、条件	地层主要为地槽区下古生界寒武系—奥陶系西堡安组，其次是黄莺屯组以及零星出现的石缝组地层，含矿层位以火山岩为主，构成综合成矿建造。北东向断裂构造发育。区内岩浆活动频繁，从早古生代的强烈喷发，一直延续到新生代，侵入活动最强烈时期为海西晚期的花岗闪长岩与燕山早期二长花岗岩，多呈岩株产出
矿物成因特征	自然金（自然银）、铅族矿物代表成矿物质；白钨矿、辰砂代表高、中低温的成矿条件
与化探异常套合程度	矿物组合异常与金、银、铅、锌化探异常完全套合，矿致性质明显
地层重砂分布特征	以往资料显示地层中有重砂异常地段，淘洗重砂金一般为几粒至十几粒，辰砂几十粒至几百粒
侵入岩体重砂分布特征	海西晚期的花岗闪长岩与燕山早期二长花岗岩，在水系中取样淘洗结果含金一般几粒，辰砂几十粒
人工重砂分布特征	据查阅《山门银矿外围普查报告》，探槽工程选取的人工重砂金含量最高可达 500～700 粒，白钨矿、辰砂也达较高含量
矿化蚀变特征	侵入岩体与围岩接触带蚀变强烈，有矽卡岩化、绿泥石化、青磐岩化等，接触带外围有金矿点、银矿点存在

在圈定的夹皮沟 V 级成矿带内以夹皮沟大型金矿为代表，桦甸二道岔金矿、桦甸三道岔金矿、桦甸六匹叶等金矿均处在近东西向的辉发河-古洞河深大构造断裂带上及其两侧，古老的变质岩基底为成矿提供丰富的成矿物质，海西期、燕山期的岩浆活动对成矿影响深远。而重砂矿物痕迹亦见证了整个成矿过程，其重砂矿物异常显示出对找矿的重要指导意义。

以往研究表明，在自然状态下金以黄色最多，有时呈淡黄色、深黄色，形状以粒状最为常见，其次是片状，粒径多为 0.1～0.5mm，金主要分布在太古宇、古生界二叠系和中生界侏罗系以及海西期侵入岩分布区。辰砂以暗红色、鲜红色、朱红色为主，形状以粒状、板片状为主，粒径多为 0.15～0.6mm，主要分布在太古宇、中生界侏罗系和海西期侵入岩分布区。白钨矿多数为白色、乳白色，少数为浅黄色、黄色，以粒状，不规则粒状居多，粒径为 0.1～0.35mm，主要分布在海西期、燕山期侵入岩发育地区。由此可见,重砂异常的分布状态与成矿地质背景、成矿地质条件密切相关。

研究夹皮沟-金城洞的Ⅳ成矿带,重砂异常的分布态势并不是孤立的,其与夹皮沟金矿田紧密相连。见夹皮沟成矿区预测靶区图(图 5-2-2)。

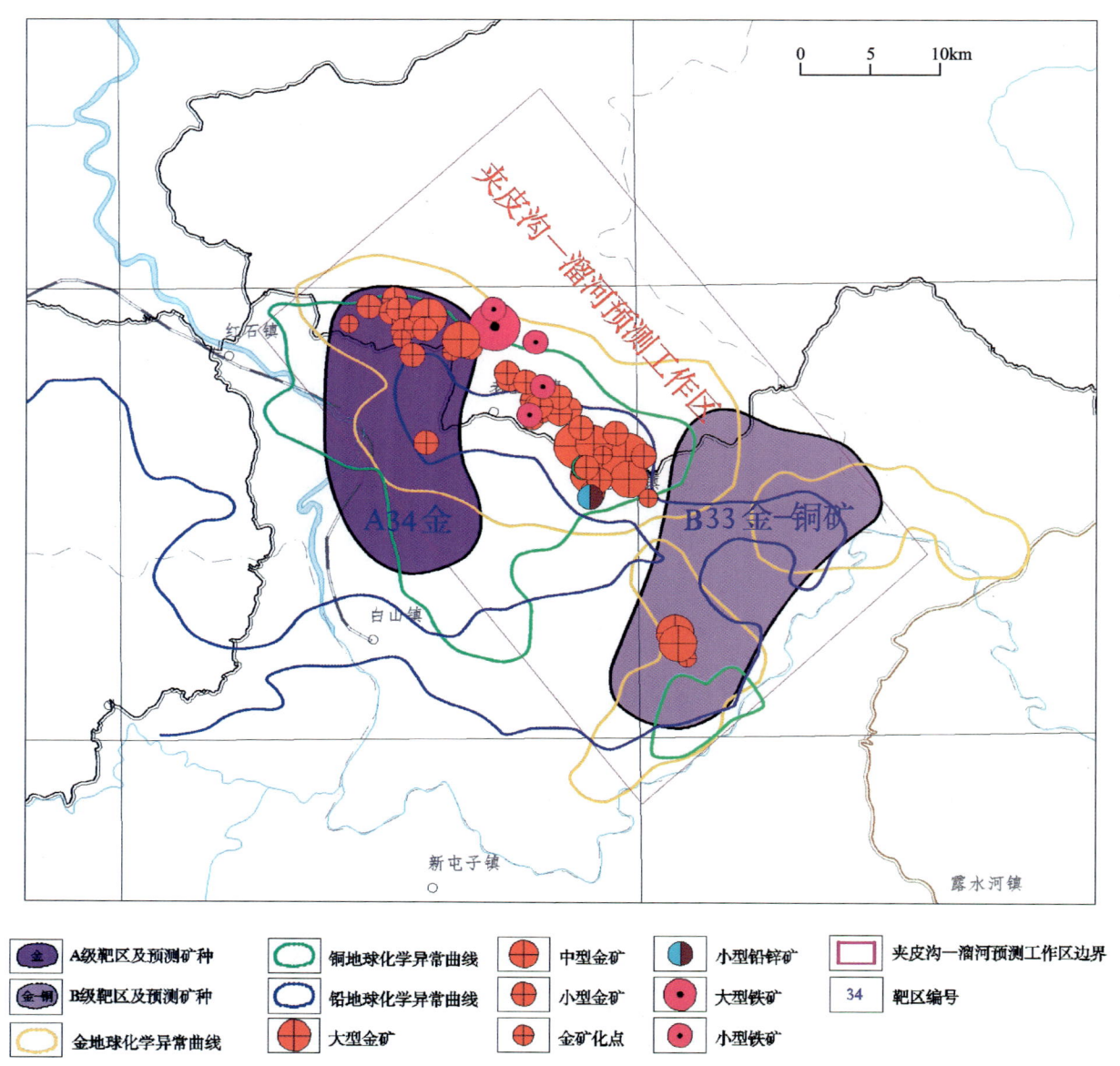

图 5-2-2 夹皮沟成矿区重砂预测靶区图

总结上述研究成果建立夹皮沟式金矿自然重砂找矿预测模型:①自然金异常集中区总体呈带状分布。②区域性重砂异常的展布方向与深大断裂一致,而局部异常受次一级断裂构造控制明显,并沿断裂构造总体呈斜列式排列。③重矿物组合以自然金为主,常伴生有铅族矿物、白钨矿、辰砂、黄铁矿、铜族矿物、泡铋矿、独居石等,自然金-白钨矿-黄铁矿-独居石及自然金-铅族矿物-铜族矿物-泡铋矿组合可以指示夹皮沟式金矿的存在。④综合异常面积较大并有多种矿物组合重砂异常分布。⑤自然金、白钨矿的矿物含量分级较好;铅族矿物、铜族矿物、黄铁矿紧密伴生。⑥白钨矿、辰砂、泡铋矿、独居石揭示成矿温度的变化及成矿热事件的发生。

(3)小西南岔金铜矿是小西南岔Ⅴ级成矿带典型矿床的代表。

杨金沟钨矿也占据重要地位。区内重砂矿物主要有自然金、白钨矿、黄铁矿、铅族矿物、铜族矿物。

其组合异常,规模较大,矿物含量分级较高,对小西南岔 A 级重砂找矿远景区的圈定起到重要作用。综合异常圈出 1 处,面积为 88.9km²,评定为甲级,对应的是 13 号 A 级找矿靶区,与小西南岔金铜矿、杨金沟钨矿密切相关,可为扩大小西南岔金铜矿的预测规模做出贡献。

落位在小西南岔-杨金沟Ⅴ级成矿带南侧的 31 号乙级综合异常是寻找小西南岔金铜矿类型的重要靶区(25 号找矿靶区),对预测斑岩型铜矿的找矿前景意义较大。由于成矿带内铜族矿物的报出率很低,因此,在铜族矿物分级图中小西南岔成矿带没有铜族矿物异常显示。但以往资料显示,在小西南岔铜金矿控制的汇水区域内有铜族矿物重砂矿物存在,见图 5-2-3。

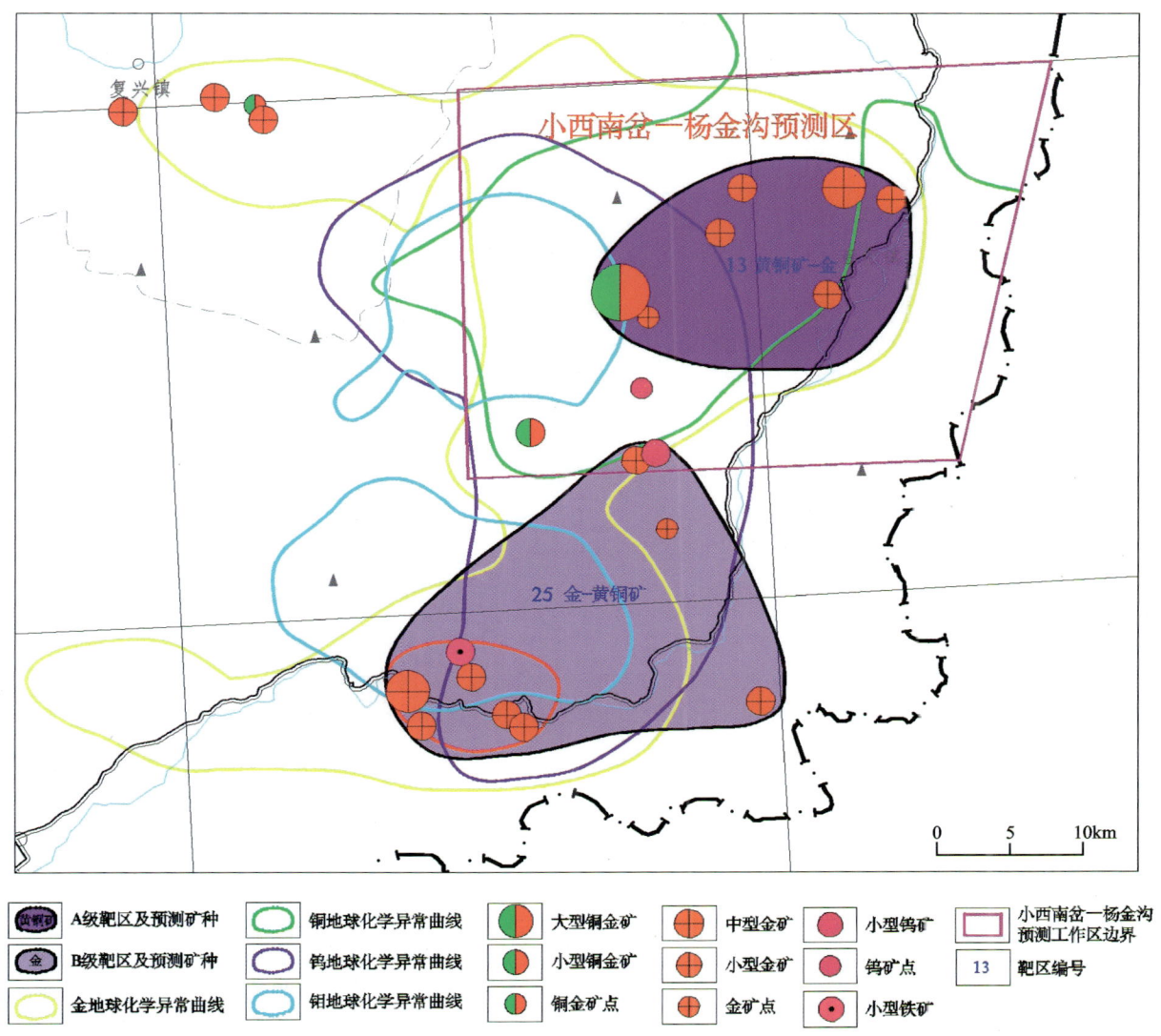

图 5-2-3　小西南岔成矿区重砂预测靶区图

小西南岔金铜矿属斑岩型矿床,其围岩为海西晚期的斜长花岗岩、花岗闪长岩及燕山早期的花岗闪长岩,同时也是成矿母岩。重砂研究表明,侵入岩浆的多期次活动形成了一系列的超基性、基性、中性、酸性的岩石类型,其中的重砂矿物的富集与矿产的空间分布关系密切。像海西晚期的斜长花岗岩、花岗闪长岩及燕山早期的花岗闪长岩都是与成矿有关的控制岩石类,有人曾做过统计,吉林省东部山区燕山期侵入岩体中自然金、铅族矿物、铜族矿物、白钨矿的百分含量分别达 4.7%、15%、15.3%、10.9%;海西期侵入岩体中自然金、铅族矿物、铜族矿物、白钨矿的百分含量分别达 20.5%、14.8%、18.4%、40.3%。人工重砂采样分析也证明,燕山期、海西期侵入岩体中自然金、铅族矿物、铜族矿物、白钨矿等有益重矿物亦有很高的含量分布。

构造方面有南北向、北东向和东西向断裂构造,预测工作区内重砂组合异常受北东向断裂影响,异常轴向北东向展布。

矿物属性方面,自然金、铜族矿物是小西南岔金铜矿床的主要成矿矿物,伴生矿物为黄铁矿、铅族矿物;白钨矿预示成矿的高温环境。

小西南岔-杨金沟预测工作区内的重砂矿物异常是金、铜、钨成矿过程的直接产物,其重砂矿物本身所释放的找矿信息,无疑起到缩小找矿靶区、追索相同矿体的效果。工作区自然重砂预测模型见表5-2-2。

表5-2-2　小西南岔铜金矿自然重砂找矿预测模型

重砂预测要素	内容描述
预测成矿类型	斑岩型矿床
预测矿种	金-铜-钨
类比矿床	小西南岔金铜矿床、杨金沟钨矿床
预测区域	25号找矿靶区
主成矿矿物	金、铜族矿物、白钨矿
重砂矿物组合	自然金、白钨矿、黄铁矿、铅族矿物
组合异常分布特征及评价	36号组合异常,不规则状,异常轴向北东,规模较大,受北东向断裂构造控制。燕山期、海西期岩浆活动频繁
综合异常特征	31号综合异常,级别为乙级,面积163.9km^2,自然金、白钨矿、黄铁矿、铅族矿物含量分级以3—4级为主,自然金最高达5级
成矿背景、条件	分布有寒武系—奥陶系五道沟群的香房子组和杨金沟组和第三系(古近系+新近系)土门子组碎屑岩、上二叠统亮子川组海相碎屑岩以及下古生界海相中酸性火山岩和碎屑岩地层。北东向断裂构造发育。海西晚期和燕山早期花岗岩侵入体大面积出现,而且是成矿主要围岩。表明重砂异常是成矿过程的反映
矿物成因特征	金、铜族矿物、白钨矿作为主要成矿矿物,是岩浆热液成矿的产物,伴生矿物为黄铁矿、铅族矿物,是重要的指示矿物。同时,白钨矿预示成矿的中—高温环境
与化探异常套合程度	重砂组合异常与金、铜、钨化探异常完全套合。指示重砂异常与化探异常找矿意义的一致性
地层重砂矿物分布特征	地层构成火山碎屑岩建造,金、黄铁矿、铅族矿物都有高含量显示,其次为白钨矿
侵入岩体重砂矿物分布特征	金、铅族矿物、铜族矿物、白钨矿等有益重矿物在海西晚期与燕山早期花岗岩类侵入岩体有高含量显示,主要控矿岩石类型为闪长岩、斜长花岗岩等,涉及的矿种以铜矿、金矿为主
人工重砂矿物分布特征	海西期与燕山期侵入岩中人工重砂显示的有益重矿物主要是铜族矿物、铅族矿物、金、辰砂、白钨矿等,分布广、含量高。其中,金可达到几粒,铅族矿物上百粒,铜族矿物达几克每吨至几十克每吨

注:表中人工重砂统计数据来源于《吉林省重砂异常图说明书》(吉林省区域地质矿产调查所,1987)。

(4)通化二密铜矿分布在二密成矿区内,为斑岩型铜矿床。

重砂矿物有铜族矿物、自然金、毒砂、重晶石、锡石、黄铁矿。其中铜族矿物-自然金-毒砂-重晶石组合异常规模较大,矿物含量分级以 4—5 级为主,对二密铜矿积极支撑。空间上,重砂组合异常与 Cu、Pb、Zn、Ag、Au 水系异常套合完整,是预测找矿的有利靶区。典型矿床研究可知,铜族矿物、自然金是矿致系统的成矿矿物,毒砂、重晶石显示二密铜矿是岩浆热液活动的结果,并在中高温阶段形成金、铜的富集。因此,重砂矿物组合异常对找矿靶区圈定起到重要作用,而且在某种程度上可以预测成矿类型和成矿条件。

成矿带内 69 号综合异常分布在通化二密镇,评定为甲级,面积 120km^2,二密铜矿即落位其中,为矿致异常。利用 69 号综合异常,为外围找矿预测提供了重砂依据。

落位于成矿带南侧的 68 号乙级综合异常,面积为 58km^2,从成矿地质背景、地质条件以及化探异常、重砂异常的套合程度方面,与二密铜矿进行类比,显示很高的相似度,选择该综合异常为重要靶区进行找矿预测依据充分。

(5)71 号综合异常位于金厂成矿区,异常评定为甲级,面积近 150km^2,金厂沟金矿即落位于其中。

出露的地层以色洛河群的变质火山碎屑岩、大理岩以及斜长角闪岩为主,有部分中侏罗统的花岗岩侵入体,作为 A 级找矿靶区,其边界范围结合化探异常无疑为金厂沟金矿床的扩大找矿起到重要作用。73 号甲级综合异常处于金厂镇预测工作区的南侧,面积 70km^2,有金矿点分布。金、铜化探异常叠加出现在 73 号综合异常的周围,北东向、北西向的构造断裂极为发育,对比金厂沟金矿,73 号甲级综合异常是寻找同样类型金矿的重要靶区异常。

(6)集安正岔铅锌矿位于正岔-复兴 V 级成矿区内。

重砂矿物有铅族矿物、自然金、重晶石、黄铁矿等,铅族矿物-自然金-重晶石组合异常 3 处,矿物含量分级较高,受北东向断裂构造控制。空间上,重砂异常 Au、Cu、Pb、Zn 水系沉积物异常也呈北东向展布,而且,正岔-复兴屯预测工作区内的主要矿床均产在北东向的层间破碎带内,由此证明,该区岩浆活动与构造活动的强烈态势,而由此产生的重砂异常亦是该区金属成矿的必要产物,重砂异常所蕴涵的找矿指示信息将成为深部找矿预测的直接指示标志。

75 号甲级综合异常面积为 110.6km^2,与集安复兴屯铜金矿和集安正岔铅锌矿紧密相连,矿致异常显著。其综合异常的西南部范围,也就是财源镇一带具备与集安复兴屯铜金矿和集安正岔铅锌矿同样的成矿地质背景和成矿地质条件,金、铜、铅、锌化探异常与 75 号甲级综合异常高度吻合,是寻找相同成因机制的重要靶区异常,同时也为扩大已知典型矿床规模起到主要作用。74 号综合异常落位于正岔-复兴预测工作区的北部,属 B 级找矿远景区,面积 38km^2,预测的主要矿种为 Au-Cu、Pb 多金属,与 75 号综合异常同处在色洛河群的变质火山碎屑岩、大理岩以及斜长角闪岩地层背景中。而且,重砂异常中心均处在北东向与北西向的断裂交会处。基础地质找矿研究证明,色洛河群亦是吉林省重要的 Au、Cu、Pb 含矿层。因此,可以认为由 74 号和 75 号综合异常构成的找矿靶区(50 号靶区),是该预测工作区寻找 Au、Cu、Pb 多金属矿产的最有价值地段,见表 5-2-3。

表 5-2-3　正岔铅锌矿自然重砂找矿预测模型

重砂预测要素	内容描述
预测成矿类型	陆相火山热液型矿床
预测矿种	金-铜-铅
类比矿床	集安正岔铅锌矿矿床
预测区域	50 号找矿靶区
主成矿矿物	自然金、铜族矿物、铅族矿物
重砂矿物组合	自然金、铅族矿物、重晶石、辰砂

续表 5-2-3

重砂预测要素	内容描述
组合异常分布特征及评价	39 号组合异常,不规则状,异常轴向北东,规模较大,受北东向及北西向断裂构造控制
综合异常特征	靶区由 74 号、75 号综合异常构成,级别为乙级和甲级,总面积为 149km^2,自然金、铅族矿物、重晶石、辰砂矿物含量分级以 3 级为主,重晶石、辰砂最高可达 4 级
成矿背景、条件	以古元古界集安岩群分布为主。北东向及北西向断裂构造发育。岩浆活动频繁,成矿作用与燕山期岩浆侵入关系密切。显示重砂异常是成矿过程的直接反映
矿物成因特征	自然金、铜族矿物、铅族矿物作为主要成矿矿物,是岩浆热液成矿的产物,重晶石、辰砂是重要的指示矿物。同时,预示成矿的中—低温环境
与化探异常套合程度	重砂组合异常和综合异常与金、铜、铅的化探异常完全套合。指示重砂异常与化探异常找矿意义的一致性
地层重砂矿物分布特征	地层构成变质岩建造,自然金、铜族矿物、铅族矿物都有高含量显示,其次为重晶石、辰砂
侵入岩体重砂矿物分布特征	自然金、铅族矿物、铜族矿物等有益重矿物在燕山早期花岗岩类侵入岩体有高含量显示,主要控矿岩石类型为斜长角闪岩,涉及的矿种以铜矿、金矿为主
人工重砂矿物分布特征	燕山期侵入岩中人工重砂显示的有益重矿物主要是铜族矿物、铅族矿物、金、辰砂等,分布广、含量高。其中,金可达到几粒,铅族矿物上百粒,铜族矿物达几克每吨至几十克每吨

注:表中人工重砂统计数据来源于《吉林省重砂异常图说明书》(吉林省区域地质矿产调查所,1987)。

第三节 综合评价成果应用

吉林省重砂专题共研究了金、银、铜、铅、锌、镍、钼、钨、锑、稀土、硫、铬、硼、萤石 14 个矿种,编制了重砂综合异常图和找矿远景图,以及成矿区带重砂综合异常分布图,并结合成矿地质背景、条件,矿产分布特征,对 14 个矿种进行综合评价。同时建立了部分矿种典型矿床重砂找矿模型,为成矿规律研究及成矿预测提供重砂依据,亦为吉南地区找矿战略规划、主要成矿带成矿规律研究、和龙六颗松铜镍矿国家基金项目以及大川地区稀有稀土矿产远景调查项目的设立提供了综合评价成果。具体如下:

(1)为成矿规律研究提供了 14 个矿种的区域重砂异常图、组合异常图、综合异常图以及预测工作区的重砂矿物异常图、组合异常图。

(2)为成矿预测提供重砂找矿远景区图,为矿种储量预测提供必要依据。

(3)为典型矿床综合研究提供重砂异常模式及评价成果。

(4)为吉南地区找矿战略规划提供金、银、铜、铅、锌、镍、钼、钨、锑等主要矿种的重砂异常分布特征和成果评价。

(5)提供主要成矿区,如红旗岭-漂河川成矿区、夹皮沟-金城洞成矿区、小西南岔成矿区金、银、铜、铅、锌、镍等主要矿种的重砂综合异常分布特征以及综合异常与矿产的响应结果等评价成果。

（6）为和龙六颗松铜镍矿国家基金项目以及大川地区稀有稀土矿产远景调查项目的立项工作提供铜、镍、铌、钽、钇、铍相关重砂异常图件和评价结果，使得所立项目得以顺利实施。

（7）为吉林省矿权维护提供重砂支撑。

总之，潜力评价重砂研究成果已及时准确地应用到吉林省各项工作当中，并已通过实践证明，潜力评价重砂专题的各项研究成果具有一定价值，应用效果比较显著，值得信赖。可为后续找矿预测工作提供更大的技术支撑。

第六章 结论与建议

一、所取得的主要成绩

(1)以优选的22种重砂矿物的1:20万重砂测量数据,编制了吉林省及预测工作区的基础图件和成果图件,同时根据重砂资料应用数据模型建立了吉林省潜力评价重砂数据库,为课题研究和以后的综合利用提供了科学系统的基础资料。

(2)充分利用ZSAPS2.0和MapGIS6.7软件操作系统,制作的采样点位图、分级图以及矿物八卦图,既丰富了以往重砂图件,又提高了重砂信息评价的全面性和科学性。

(3)针对22个重砂矿物进行了综合处理和研究,圈定出自然重砂单矿物异常688处,其中,Ⅰ级200处、Ⅱ级249处、Ⅲ级239处。组合异常圈定出异常290处,其中,Ⅰ级75处、Ⅱ级102处、Ⅲ级113处。综合异常圈定出异常78处,其中,Ⅰ级20处、Ⅱ级22处、Ⅲ级36处。并总结了重砂异常的空间展布规律及其对成矿系统的矿致指示作用。

(4)编制成果图件自然重砂找矿远景区图、找矿靶区图、区域自然重砂异常区带综合异常分布图,全面展示了各成矿区带重砂异常的空间分布特征,并结合预测矿种和成矿地质背景,建立典型矿床重砂综合找矿预测模型,提取重要的重砂异常信息,进行了找矿预测,取得了较为重要的指示效果。

(5)根据吉林省重砂综合异常的分布特征、划分级别以及重砂综合异常与成矿区带、矿田、典型矿床、矿化点群、矿化蚀变带的空间关系,结合成矿地质背景、成矿地质条件、汇水盆地等因素,划分吉林省找矿远景区33处,其中,A级12处、B级13处、C级8处。

(6)根据本省自然重砂综合异常的分布特征及主要的预测矿种,在本省找矿远景区的基础上进一步划分了全省找矿靶区,编制了找矿靶区53处,其中,A级找矿靶区13处、B级找矿靶区19处、C级找矿靶区21处。

(7)根据吉林省重要成矿区带的分布特征,进行了异常提取,划分12个异常区带,圈定异常区带综合异常95处,其中,Ⅰ级31处、Ⅱ级28处、Ⅲ级36处。

(8)以预测工作区为单元,制作了1:5万比例尺的重砂异常图件,反映了区域及局部重砂异常的分布特征,指示了典型矿床的成矿岩浆系统。

(9)金矿30个预测工作区圈定出单矿物异常110处,其中,Ⅰ级23处、Ⅱ级25处、Ⅲ级62处。组合矿物异常38处,其中,Ⅰ级15处、Ⅱ级7处、Ⅲ级16处。

(10)镍矿8个预测工作区圈定出单矿物异常19处,其中,Ⅰ级2处、Ⅲ级17处。组合矿物异常14处,其中,Ⅱ级1处、Ⅲ级13处。

(11)钼矿7个预测工作区圈定出单矿物异常22处,其中,Ⅱ级1处、Ⅲ级21处。组合矿物异常Ⅲ级6处。

(12)银矿9个预测工作区圈定出单矿物异常37处,其中,Ⅰ级2处、Ⅱ级6处、Ⅲ级29处。组合矿物异常15处,其中,Ⅰ级2处、Ⅲ级13处。

(13)铜矿23个预测工作区圈定出单矿物异常23处,其中,Ⅰ级2处、Ⅱ级3处、Ⅲ级18处。组合矿物异常2处,其中,Ⅰ级1处、Ⅱ级1处。

(14)铅锌矿8个预测工作区圈定出单矿物异常19处,其中,Ⅰ级1处、Ⅱ级5处、Ⅲ级13处。组合矿物异常4处,其中,Ⅰ级1处、Ⅲ级3处。

(15)钨矿1个预测工作区圈定出单矿物异常4处,其中,Ⅰ级1处、Ⅱ级2处、Ⅲ级1处。

(16)稀土矿1个预测工作区圈定出单矿物异常8处,其中,Ⅰ级2处、Ⅲ级6处。组合矿物异常2处,其中,Ⅰ级1处、Ⅲ级1处。

(17)磷矿1个预测工作区圈定出单矿物Ⅲ级异常4处。

(18)铬铁矿3个预测工作区圈定出单矿物异常10处,其中,Ⅰ级2处、Ⅱ级3处、Ⅲ级5处。组合矿物Ⅲ级异常2处。

(19)硫铁矿5个预测工作区圈定出单矿物异常17处,其中,Ⅱ级2处、Ⅲ级15处。

(20)硼矿1个预测工作区圈定出单矿物异常2处,其中,Ⅱ级1处、Ⅲ级1处。

二、存在的问题

(1)1∶5万的重砂测量数据及异常查证资料非常欠缺。虽然以往做了一些1∶5万的重砂测量工作,但都是伴随1∶5万水系测量而附加展开。而且,重砂测量数据以及涉及的图件在1∶5万水系测量报告中并没有重砂方面的专题成果,有的只是对重砂的部分描述,可提取的信息不多。因此,使得本次关于预测工作区的预测力度以及典型矿床预测模型的建立显示不足。

(2)由于本次工作具有直接找矿指示意义的重砂矿物比较少,反映重砂异常特征的是共伴生矿物。因此,组合异常的圈定以及找矿指示作用受到影响。

(3)对重砂异常信息的提取利用,应充分结合成矿背景、成矿条件以及基础地质理论,并结合其他专业知识加强综合性研究,本次工作在这方面存在不足。

(4)由于时间紧、任务重,专业资料缺乏,使得对综合异常图和找矿远景区图的圈定与评价上,还存在一些不尽合理之处。

三、建议

(1)由于自然重砂矿物在淘洗和鉴定过程中存在一定的人为因素,如:原始采样重量和筛选鉴定砂样的缩分次数,重砂矿物鉴定的准确程度等,而使图幅之间自然重砂矿物的分布存在一定的系统偏差。因此,在重砂矿物选择过程中,应根据实际情况有针对性地选择。同时,建议增加矿物含量的使用程度。

(2)应加强吉林省重要成矿带自然重砂矿物学标志的研究与总结。如:高、中、低温成矿阶段自然重砂矿物的典型组合;高压变质带自然重砂矿物的典型组合;成矿蚀变带自然重砂矿物的典型组合。

(3)建议加强自然重砂异常与物化探异常、遥感信息的对比研究。

(4)建议加强重要成矿带自然重砂成矿模式和成矿预测的研究。

(5)本次评价应用了背景组提供的1∶5万建造构造图,使预测工作区内重砂异常的解译更具有实际意义。建议加强预测工作区内重砂异常评价。

主要参考文献

吉林省地质矿产局,1987.吉林省区域矿产总结[R].长春:吉林省地质矿产局.
吉林省地质矿产局,1997.吉林省1:20万重砂数据库[R].长春:吉林省地质矿产局.
李景朝,董国臣,王季顺,等,2010.自然重砂资料应用技术要求[M].北京:地质出版社.
张大可,张德生,陈英富,等,2007.矿产资源调查中自然重砂测量成果的重新应用——以河北蔚县地区为例[J].中国地质,34(4):723-729.
中国地质调查局发展研究中心,2006.自然重砂数据库系统(ZSAPS2.0)用户使用手册[R].北京:中国地质调查局发展研究中心.